想象欧洲丛书

Studies in European History

Second Edition

Peter H. Wilson

The Holy Roman
Empire,
1495—1806

神圣
罗马帝国

1495—1806

（第2版）

［英］彼得·威尔逊 著　　　殷宏 译

北京大学出版社

PEKING UNIVERSITY PRESS

著作权合同登记号　图字：01-2009-2521

图书在版编目(CIP)数据

神圣罗马帝国，1495—1806：第2版 / (英)彼得·威尔逊著；殷宏译. —北京：北京大学出版社，2023.3
（想象欧洲丛书）
ISBN 978-7-301-33340-2

Ⅰ.①神… Ⅱ.①彼… ②殷… Ⅲ.①神圣罗马帝国(800—1806)—历史 Ⅳ.①K516.3

中国版本图书馆CIP数据核字（2022）第173911号

本书地图系原书插附地图，审图号：GS（2022）2189号

© Peter H. Wilson 2011

First published in English by Palgrave Macmillan, a division of Macmillan publishers Limited under the title The Holy Roman Empire, 1495–1806, 2nd edition by Peter H. Wilson. This edition has been translated and published under licence from Palgrave Macmillan. The author has asserted his right to be identified as the author of this Work.

书　　名	神圣罗马帝国，1495—1806（第2版）
	SHENSHENG LUOMA DIGUO, 1495—1806（DI-ER BAN）
著作责任者	［英］彼得·威尔逊（Peter H. Wilson）著　殷宏 译
责任编辑	张文华
标准书号	ISBN 978-7-301-33340-2
出版发行	北京大学出版社
地　　址	北京市海淀区成府路205号　100871
网　　址	http://www.pup.cn　新浪微博：@北京大学出版社 @阅读培文
电子邮箱	编辑部 pkupw@pup.cn　总编室 zpup@pup.cn
电　　话	邮购部 010-62752015　发行部 010-62750672　编辑部 010-62750883
印刷者	天津联城印刷有限公司
经销者	新华书店
	787毫米×1092毫米　32开本　9.25印张　171千字
	2023年3月第1版　2024年3月第2次印刷
定　　价	72.00元

目 录

第 2 版序言 / *I*

关于注释 / *II*

地　图 / *III*

第一章　学术研究中的神圣罗马帝国 / *1*

　　第一节　导　言 / *3*

　　第二节　出发点 / *4*

　　第三节　观点与解释 / *7*

　　第四节　帝国政治发展趋势 / *20*

第二章　宪政发展 / *35*

　　第一节　1495 年之前的发展 / *37*

　　第二节　帝国改革时代 / *44*

　　第三节　教派时代 / *62*

　　第四节　帝国复兴与帝国政治的国际化 / *85*

　　第五节　普奥之争与帝国崩溃 / *92*

第三章　关键制度与发展趋势 / *101*

　　第一节　皇　　帝 / *103*

　　第二节　帝国议会 / *108*

　　第三节　帝国法院 / *119*

　　第四节　帝国税收 / *127*

　　第五节　帝国防卫 / *143*

　　第六节　大　　区 / *150*

　　第七节　帝国教会 / *156*

　　第八节　帝国意大利地区 / *162*

　　第九节　领地绝对主义 / *166*

第四章　民族与身份 / *173*

　　第一节　爱国主义 / *175*

　　第二节　沟通领域 / *186*

　　第三节　象征主义与仪式 / *191*

　　第四节　帝国身份的遗产 / *198*

第五章　结　　论 / *203*

附　录　1440—1806 年间神圣罗马帝国的皇帝 / *211*

推荐书目 / *212*

索　引 / *257*

第 2 版序言

　　本书标题和基本结构与第 1 版一致，但其他方面几乎是焕然一新。新增一章探讨身份认同，介绍学界自1999 年以来展开的相关讨论。为了吸收新研究成果，使论述更明确，并增加范例，其余各章做了大幅改写，尤其是第二章，几乎是重写。我对部分论点有所修改以适应新的研究结论，或是因为我本人的观点也有所改进。正文后的推荐书目也进行了修改和扩充，以便把网上资料和新近论著囊括进来。大部分年代较老的文献被删除，只有那些具有重要史学编纂意义或那些仅有的研究重要问题的英文著作例外。

　　我非常感激使用第 1 版的师生们提供反馈和建议，感谢蒂姆·布兰宁（Tim Blanning）、我的丛书编辑同事约翰·布鲁伊（John Breuilly）与朱利安·杰克逊（Julian Jackson），以及一位匿名的美国读者就修订版第一稿提出的意见。索尼娅·巴克（Sonya Barker）和帕尔格雷夫·麦克米伦（Palgrave Macmillan）出版社一直在鼓励我，并以其一贯高效的方式解决了出版过程中方方面面的问题。

关于注释

注释放在正文中的小方括号内，与书末推荐书目的编号对应。必要时，页码紧跟在推荐书目编号之后，用冒号隔开。注释中若出现一部以上的参考书时，则会用逗号（或分号）隔开。

地　图

地图 1　三十年战争时期的神圣罗马帝国

地图 2　1745 年的神圣罗马帝国

地图 3　神圣罗马帝国的大区

地图 1　三十年战争时期的神圣罗马帝国

图片来源：Peter H. Wilson, *From Reich to Revolution: German History 1558–1806*, Palgrave
Macmillan, 2004, pp. xvi–xvii. 承蒙帕尔格雷夫·麦克米伦出版社惠允复制。

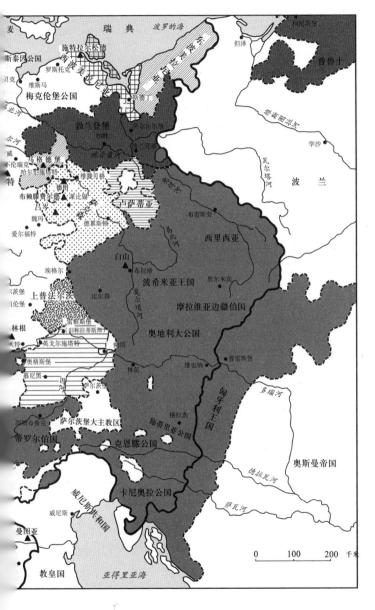

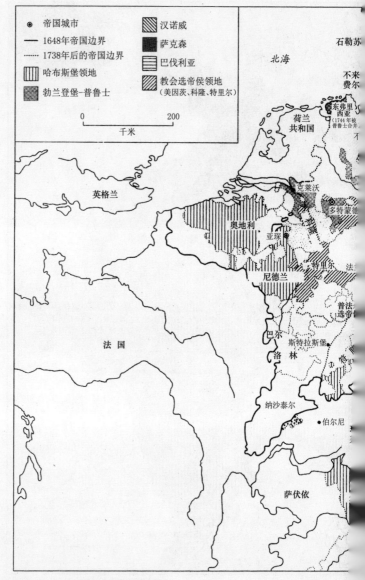

图例：

⊙ 帝国城市
— 1648年帝国边界
┈ 1738年后的帝国边界
▥ 哈布斯堡领地
▦ 勃兰登堡-普鲁士
▨ 汉诺威
■ 萨克森
▤ 巴伐利亚
▧ 教会选帝侯领地
（美因茨、科隆、特里尔）

0　　　　　200
千米

石勒苏

北海

不来
费尔

荷兰
共和国

东弗里
西亚
（1744年被
普鲁士合并）

英格兰

克莱沃

多特蒙德

奥地利

亚琛

尼德兰

特里尔

法

普法
选帝

巴尔

斯特拉斯堡

洛林

纳沙泰尔

伯尔尼

萨伏依

地图2　1745年的神圣罗马帝国

图片来源：Peter H. Wilson, *German Armies: War and German Politics 1648–1806*, UCL Press, 19
承蒙伦敦大学学院出版社惠允复制。

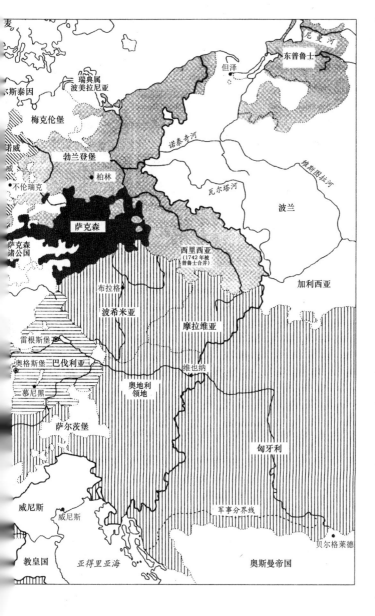

麦

斯泰因

梅克伦堡

诺威
威

萨克森
诸公国

瑞典属
波美拉尼亚

勃兰登堡

• 柏林

• 不伦瑞克

萨克森

布拉格 •

波希米亚

雷根斯堡 •

奥格斯堡 巴伐利亚

• 慕尼黑

萨尔茨堡

威尼斯

• 威尼斯

教皇国

亚得里亚海

但泽

东普鲁士

尼曼河

诺泰奇河

维斯图拉河

瓦尔塔河

波兰

加利西亚

西里西亚
(1742年被
普鲁士合并)

摩拉维亚

维也纳 •

奥地利
领地

匈牙利

军事分界线

• 贝尔格莱德

奥斯曼帝国

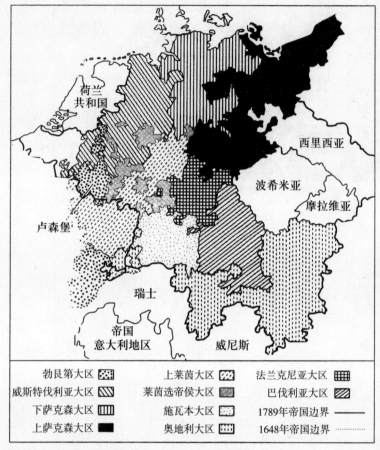

荷兰
共和国

西里西亚

波希米亚

摩拉维亚

卢森堡

瑞士

帝国
意大利地区

威尼斯

勃艮第大区		上莱茵大区		法兰克尼亚大区	
威斯特伐利亚大区		莱茵选帝侯大区		巴伐利亚大区	
下萨克森大区		施瓦本大区		1789年帝国边界	——
上萨克森大区		奥地利大区		1648年帝国边界	········

地图 3　神圣罗马帝国的大区

图片来源：Peter H. Wilson, *German Armies: War and German Politics 1648–1806*, UCL Press, 1998.
　　　　承蒙伦敦大学学院出版社惠允复制。

第一章

学术研究中的神圣罗马帝国

第一节　导　言

　　伏尔泰（Voltaire）曾脍炙人口地讽刺神圣罗马帝国说："它既不神圣，也非罗马，更非帝国。"尽管它曾统治中欧大部分地区长达千年以上，但与欧洲其他国家相比，它在人们的意识中仍然显得非常模糊，以致许多学者都在争论：它是不是一个真真切切存在过的国家[40，60，65]。在德国史学界内部，神圣罗马帝国（又称第一帝国，区别于俾斯麦的第二帝国和希特勒的第三帝国）过去一直是政治软弱和民族分裂的代名词。近来的学术研究已在相当程度上消除了这些误解，但这些最新作品的数量和研究领域，令人难以在更广阔的欧洲背景下，就帝国的发展与地位勾勒出一幅完整的图景。

　　本书集中探讨与帝国相关的问题，以期弥补这一不足，这些被证明极难回答的问题包括：帝国是什么？它如何运行？它为何能延续这么久？它为何最终崩溃？为了寻找答案，我们将回到帝国诞生之初，即查理曼（Charlemagne）在公元800年的圣诞节这一天创建帝国的时刻。不过，本书重点关注1495年之后的帝国；这一年是帝国宪政发展的重要时期，总体上也可将其视作一个转折点，因为从这一年明显可以看出，帝国不会沿着与西欧君主制大国如法国、西班牙相同的路线发展。本书的时间终点是 1806 年，这一年，随着拿破仑重整中欧国家体系，帝国在形式上宣告解体。当然，正如后文所见，在这之后，帝国对德意志政治的影响仍在长期延续。

2　　　第一章分析帝国解体后出现的各种有关帝国的解释，介绍现有的各种文献专著，并提供一种新方法来研究帝国复杂的政治结构和政治发展。第二章描绘帝国从创立到解体的全过程，指出关键的发展阶段和趋势，其中最重要的部分将在第三章展开详细的考察。第四章关注的是帝国的居民们能在何种程度上被视作一个民族，以及他们是如何支持帝国的政治结构的。最后是简短的结论部分，指出有待深入研究的领域。全书架构顾及读者阅读的连续性，但读者也可不照这一顺序，尤其是在书中其他地方遇到不熟悉的制度或术语时，可以阅读第三章相关内容。

第二节　　出发点

在其漫长的发展过程中，帝国从未拥有明确的边界，其管辖人口无论在语言上还是在民族身份上，从来都不是单一的。这一情形给后人的研究带来相当多的问题，尤其是对那些试图完全从德意志民族视角撰写其历史的人来说。不是所有的帝国居民都讲德语，更有许多德意志人住在帝国边界以外，尤其是在帝国以东地区；与此同时，帝国内部多位重要的德意志诸侯还在欧洲其他地区拥有土地。

查理曼帝国的原初边界始终难以确知，尽管帝国后来丧失了大量土地，但它在其他地区成功地进行了拓殖或征服，向东，尤其是沿着波罗的海沿岸，拓展了帝国边界。到 15 世纪晚期，帝国核心区已覆盖了现代德国和奥地利的核心地带及卢森堡（Luxembourg）、比利时（Belgium）和荷兰（Netherlands）。瑞士形式上仍是帝国的一部分，但关于其在帝国内确切的政治地位仍有一定争议。现代捷克共和国领土当时被称作波希米亚（Bohemia）王国，后者连同其附属国摩拉维亚（Moravia）、卢萨蒂亚（Lusatia）、西里西亚（Silesia，现在大部分属于波兰领土），都是帝国的组成部分。此外，现属法国的洛林（Lorraine）、阿尔萨斯（Alsace）及其以西其他地区，当时也位于帝国边界以内。由意大利北部公国和城市组成的名为"帝国意大利"（Reichsitalien）的地区——西起萨伏依（Savoy），东接威尼斯共和国（Venetian Republic），南邻教皇国

(Papal States)——虽然更加边缘化，但形式上也是帝国的一部分。

在帝国全境，皇帝的权威远未达到大一统的地步。一直以来，皇帝都只能直接统治 80 万平方千米的地区，这是归其个人所属的王朝领地，可作为遗产传给继承者，但皇帝头衔不能世袭，皇帝只能选举产生。皇帝头衔的选举性质表明，其根源在于中世纪早期的日耳曼王权 [16, 45]，这也是帝国与欧洲其他君主制大国共有的一个特征，尤其是斯堪的纳维亚半岛各王国（Scandinavian kingdoms）、波兰及教皇国。在教皇国，枢机主教就是教会诸侯，新教皇由他们选举产生。与之类似，皇帝由作为帝国主要诸侯的选帝侯（Kurfürsten）选出。通过一种由所有权、封建领主权、习惯权利、王朝权利和宗教权利组成的复杂制度，这些选帝侯与其他诸侯、大封建主、教士、宗教机构、自治城市和乡村公社（commune）一道分享了帝国余下的土地。这些领地统治者中有一部分势力更为强大，如奥地利的哈布斯堡（Habsburgs）家族、北德意志的霍亨索伦王朝（Hohenzollern dynasty），他们统治着或者说逐渐统治着皇帝名义管辖权（jurisdiction）之外的领地。这使得帝国的政治触角延伸到了其他欧洲国家内部，进一步加强了帝国自身边界的普遍不确定性。使得局面更加错综复杂的是，皇帝还宣称自己是统一的基督教欧洲的最高世俗代表，与教皇的最高宗教管辖权相对应，位于欧洲其他所有统治者之上。

上述讨论指出了帝国的五个特征，它们是贯穿全书的重要内容，也是理解帝国性质的一个必要辅助。除了领土广袤、居民构成来源广泛且纷繁复杂这两大特征，我们还能识别出帝国的其他三个特征：皇帝由选举产生；皇帝的政治主张带有泛欧洲主义；皇帝的主权支离破碎，政治权威分散，管辖权重叠。

第三节　观点与解释

帝国的上述五个特征在研究帝国的著作中很早就已得到承认，但相关解释一直众说纷纭，差异极大。目前至少在相当范围的英语学术界仍占主导地位的观点，由德国学者在 19 世纪中期提出。尽管这一观点涵盖内容不同，但都是通过民族主义视角来观察帝国及其制度，并得出负面的价值判断。主权的碎片化和向地方分散的政治权力，被认为是阻碍民族统一并使"德意志"在数百年间几乎无法积极承担国际职责的根本缺陷。

这一消极的评价有一定的事实基础。15 世纪的评论家们已就皇帝与诸侯们之间的紧张关系发表过意见。随着人们越来越清楚地认识到其他国家的统治情况，批评也随之与日俱增。在酿成巨大灾难的三十年战争（Thirty Years War，1618—1648）结束后不久，萨穆埃尔·冯·普芬多夫（Samuel von Pufendorf）就写道，帝国已经从一个"常规的王国"变成了一个不正常的王国，因为皇帝的大权流失到了诸侯手中。这一异常的特征使它成为与正常的国家形态如君主国或共和国都不同的"怪兽"（monstrosity）[14]。帝国衰败的印象在18世纪的约翰·海因里希·策德勒（Johann Heinrich Zedler）那里表达得更强烈。在编辑一本畅销的百科全书时，他加入了一个有关"德意志国家的疾病，或神圣罗马帝国的疾病"的词条。缺乏一个强大的中央集权使得帝国四分五裂，屡遭外敌入侵 [21：第43卷]。帝国无法抵抗1792年以后大革命时期和拿破仑时期法国中央集权的、统一而强悍的权力，似乎证明了这一点。哲学家黑格尔（Hegel）在法国入侵时就在其文中宣称："德国已不再是一个国家。"

对于1806年以后的多数历史学家和许多政治家而言，解决方法很明显：德国应该建立一个推崇中央集权、威权主义、军事化的"强权国家"（*Machtstaat*）。对许多人来说，霍亨索伦王朝统治下的普鲁士，看起来是理想的德意志强权国家的代表，拥有帝国缺失的一切，因此，他们支持普鲁士领导的德意志统一运动。这一激烈的进程引发了两场重要战争。在 1866 年爆发的第一场战争中，普鲁士击败了奥地利，吞并了许多北德意志的邦国。从 1867 年开始，哈布斯堡君主国成为一个独立的帝国，即奥匈帝国。继而，通过发动 1870—1871 年对法战争这一"全国性的"紧急事件，普鲁士说服了余下的南德意志邦国加入自己，建立起了第二帝国 [35, 36]。

　　以海因里希·冯·特赖奇克（Heinrich von Treitschke，1834—1896）为代表的历史学家进行的这一普鲁士中心论（Borussian）的研究，把统一进程追溯到 1806 年之前，并把捍卫"德意志利益"和实现民族统一的"历史性使命"授予普鲁士及霍亨索伦家族。特赖奇克对中世纪欧洲和其碎片化的、分裂的近代早期继承者进行了比较 [37]。这一对照通过地图被形象地灌输给了一代代的德国学生：地图中广阔的中世纪欧洲是一个团结一致的国家联盟，直到 15 世纪，被由一块块微型领土组成的色彩斑斓的马赛克图案所取代。特赖奇克把这一"衰落"归咎于罗马天主教和奥地利哈布斯堡王朝世界性的领地帝国：在 19 世纪俾斯麦解决民族问题时，这两大因素仍是一种阻力。民族主义者反对既包括奥地利的天主教徒也包括哈布斯堡家族统治下的捷克人、斯洛伐克人、波兰人、匈牙利人和意大利人等臣民的大德意志方案，这必然导致曾将这些民族纳入其中的帝国被历史性地摒弃。

虽然普鲁士中心论观点居于主导地位，但这并不妨碍研究者提出其他观点。许多研究者都对普鲁士领导的统一运动把奥地利和旧帝国的其他地区排除在外而只建立"小德意志"感到遗憾。其他人则在奥地利版的普鲁士中心论中获得安慰，认为信奉天主教的奥地利与新教占主导地位的德意志相分离是历史大势所趋，并赞颂哈布斯堡家族长期占据帝国皇位的传统伟绩。除了这些以德意志两大诸侯强国为中心的研究，学者们通过勾画曾经是帝国领地的各地区的历史，还提出了许多特殊主义（particularist）色彩更浓的观点。这些地区大多改头换面之后作为第二帝国的州一直存续至 1918 年，如巴伐利亚（Bavaria）和符腾堡（Württemberg）。

纳粹时期的恐怖统治使建立强权国家不再被视作一种可取的理念，但普鲁士中心论的视角确立的基本轮廓并未受到动摇。德意志史大体上仍是从领地大国（如普鲁士、巴伐利亚）的角度来研究，对帝国的讨论少之又少。旧时的观点仍在流传，认为帝国未能在 16 世纪适时地转变为近代国家，致使它无法消除宗教改革时期的宗教纷争，无法消除三十年战争时期的政治冲突。1648年终结三十年战争的《威斯特伐利亚和约》（Peace of

Westphalia），被认为是把德意志政治限定在一个无法进一步发展的框架内。帝国随即进入一个几乎被所有人都称为"晚期衰落"的时期，直到它在与法国大革命时期优势力量的斗争中陷入"不可避免的崩溃"。1945年后出版的直接研究帝国的著述，仍在普遍采用早期学者的法学家式的研究方法，基本上是脱离更广阔的社会、政治、文化事件的背景去研究个别制度的发展 [123，126]。这进一步强化了对帝国普遍持负面评价的那些结论，因为帝国内部法学理论与政治实践之间的矛盾，经常表现得相当突出。

　　不过，这些著述仍有一个重要变化，那就是转向更广阔的地缘政治视角，并更为清楚地意识到德国有过信奉天主教的历史，但并不重新强调伪历史主张，即支配和控制那些曾处于大德意志政治势力范围内的地区。从二战后德国的分裂中，从勃兰登堡（Brandenburg）和萨克森（Saxony）这些德国新教传统核心区被移交给信奉共产主义的德意志民主共和国（简称民主德国）这一事件中，我们可以找到上述变化的部分原因。研究19世纪之前历史的民主德国史学家，关注焦点仍在传统的德意志领地邦国上，但不同的是，他们现在采用马克思主义的历史术语来分析其阶级基础。这些研究把帝国及其制度置于次要地位，用从封建主义到资本主义这一根本的社会经济转变视角，来解释1495年之后的历史，主要关注经济发展，尤其是工农业发展，以及被认为是由它所导致的社会冲突。

因此，20世纪60年代晚期德国历史学界重新盛行对帝国的研究，这主要归功于德意志联邦共和国（简称联邦德国）的天主教史学家和那些最初研究宗教史的学者。其中最重要的历史学家当数卡尔·奥特马尔·冯·阿雷廷（Karl Otmar von Aretin），他研究帝国最后30年历史的两卷本著作，是修正主义史学的里程碑式代表作[42]。阿雷廷后来进一步拓展了其研究，标志性成果是一部研究1648—1806年历史的三卷本著作[43, 44]。新研究方法的核心准则是从帝国自身角度来研究帝国，而非从未能建立一个中央集权的民族国家的角度对它进行评价。就其自身表现而言，帝国及其制度被认为是充满活力的实体，与领地邦国一样是德意志历史的重要因素。新研究方法的热潮推动了重大文献合集的出版[2, 3, 4, 9, 10, 13]，并从20世纪70年代中期开始对英语学术界的研究产生影响，这一方面格哈德·贝内克（Gerhard Benecke）和迈克尔·休斯（Michael Hughes）的著作尤为重要[25, 29, 32, 33, 35, 79]。

这一修正主义史学研究背后，是一种更加引人注目的学术潮流；它旨在通过揭示大众的、民主的、和平的主题来寻找一种不同的德意志历史，只是在早期研究中，这些主题因强权国家理念广受推崇而被排斥或忽略。尽管这些研究在一定程度上得到政府部门的支持，但研究成果颇有争议，尤其是随着移居美国的德国历史学家的批判著作回流欧洲，分歧更加明显。这批德国历史学家的一个重要关切是为纳粹时代寻找某种解释，其作品通常强调德意志的历史发展莫名其妙地偏离了欧洲正常的发展轨道，走上了通往军国主义和政治威权主义的特殊道路（*Sonderweg*）。尽管这批历史学家主要关注 19 世纪晚期和 20 世纪早期，但他们经常在作品中默认"帝国政治发展具有独特性"这一普鲁士中心论的传统观点。据称由于未能发展为一个单一制国家（unitary state），帝国拖延了民族国家身份和民主制度的形成。"追赶"欧洲其他国家的尝试导致俾斯麦提出了一个草率且充满暴力的解决方案，结果并未能成功地将操德语的"文化民族"统一为一个单一的"政治民族"。这一观点影响深远，因为它把许多传统的学术研究成果（相当一部分达到了高超的技术水准）与解释 20 世纪"德国的浩劫"（German catastrophe）的一种极具说服力的说法结合了起来。海因里希·奥古斯特·温克勒（Heinrich August Winkler）最近的研究就是一个很好的例子，开篇他就说："所有把德意志历史与欧洲伟大民族的历史分

隔开来的东西都起源于神圣罗马帝国。"[41: 4]

对德意志特殊道路的研究及其激起的讨论，提高了对社会史的重视程度，这可能是更为有益的一种影响。幸运的是，与此同时，研究宗教改革的历史学家也开始重视对社会史的研究 [221]。这些学术活动再度激活了阿雷廷开创的早期修正主义史学研究，而且从 20世纪 80 年代晚期开始，学者们有意识地把宪政史和政治史置于社会文化背景下来考察，其中福尔克尔·普雷斯（Volker Press）和赫尔穆特·诺伊豪斯（Helmut Neuhaus）尤为突出 [55, 57, 100, 101, 104, 151]。这一从社会史角度重新解读制度及法律发展的新趋势，进一步引导学者们关注帝国历史中的个人层面，后者可能正处于被枯燥的宪政史研究遮蔽的危险中。这些新兴研究的总体影响是，加强了修正主义者关于帝国发展远未停滞、其制度与政治文化是德意志历史的活力因素的观点。然而，这一研究方法的许多承诺并未实现，在以英语为工具的史学研究中尤为突出，其中大多数研究要么把帝国视作路德宗教改革（Luther's Reformation）的一个模糊的背景，要么完全忽略帝国，转而对社区或社群进行脱离其政治背景的微观研究。

柏林墙倒塌以及第二次世界大战以后形成的两个德国重新统一（1989—1990）后不久，欧盟加强了联合

（1992），随后还向东扩张，吸收波兰与匈牙利等国加入。这些发展改变了有关德意志国家与民族性的讨论。现在是从欧洲一体化的角度来讨论代议制政治的发展，而非从冷战时期关于"资产阶级"自由民主制或共产主义"人民"运动的优点的角度。德国不再是一个分裂的国家，而是一个更庞大的政治体系的一部分，各国政府都已向这一体系让渡出了其主权的重要部分，这一变化让许多公民感到其民族身份受到了威胁。

当下关于哪些术语才能最为恰当地描述帝国的争论背后正是上述担忧。"帝国"（Reich）一词仍易被误解。2000 年在雷根斯堡（Regensburg）举办的一场有关近代早期帝国（Empire）的展览特意避免使用该词语，因为组织者认为，公众会把该词与第三帝国（Third Reich）相混淆，或者会认为"旧帝国"（Old Reich）指的是俾斯麦时期的帝国。更严重的是，当年还突然爆发了一起小型国际争端。法国内政部长指控德国人试图通过欧盟来支配欧洲，就像他们曾经利用神圣罗马帝国所做的那样 [65：300-301]。

许多资深的德国历史学家强烈反对与现代性的一切比较。海因茨·席林（Heinz Schilling）认为，1500 年左右的宪政变革，即所谓"帝国改革"（见本书第二章第二节），仅仅只是创造了"一个部分现代化的帝国制度"[60]。沃尔夫冈·赖因哈德（Wolfgang Reinhard）和阿克塞尔·戈特哈德（Axel Gotthard）也宣称"国家"（state）一词不适用于描述后者所说的一种担当"所有领土保护伞"角色的"地方高度分权的联邦制的结构"[50：1-9；59]。尽管芭芭拉·施托尔贝格－里林格（Barbara Stollberg-Rilinger）的反对意见没那么强烈，但她也避免使用"国家"一词，而代之以"一种依托传统与共识的联合（Verband）"，这一"联合"中联邦制的因素如诸侯间的联盟代替统一连贯的宪政体制而发挥作用[66：116]。对戈特哈德、席林和赖因哈德而言，帝国仍是普芬多夫所说的严重消极意义上的"怪兽"。尽管他们都接受阿雷廷修正后的观点，即帝国在1648年之后仍在运转，但他们的著作读起来仍有策德勒所列举的帝国的种种缺陷：缺乏明确的边界、统一的领土、相同民族的人口、常备军和强大的中央集权机构。

其他学者更为积极，进一步发展了阿雷廷的修正主义史学研究，不仅仅是纠正了普鲁士中心论者的各种曲解，还强调帝国是一个现代的甚至是"后现代的"国家。格奥尔格·施密特（Georg Schmidt）是这一研究趋势最有影响力的倡导者，主张实际上存在两个近代早期的帝国[30，63，64]。第一个帝国是中世纪封建等级制的帝国，其范围延伸至德意志以外的帝国意大利、波希米亚、奥地利和尼德兰。延续至 1500 年之后，它完全变成了哈布斯堡王朝用来管理其包含以上非"德意志"地区在内的领地帝国的一组辖区而已。另一个帝国就是施密特所称的"辅助性帝国－国家"（*Komplentärischer Reichs-Staat*），只包含德意志核心地区，大致相当于现代的联邦德国的疆域。这一地区的居民因为"日耳曼自由"（German Freedom，见本书第四章第一节）这一共同的政治理念而统一了起来，组成了一个联邦制国家（Federal Nation）。辅助性的因素是指不同的国家功能扩散至帝国－国家内各自不同的政治层面。"全国性"的机构协调防卫工作，保障司法正义。中间层级即帝国大区（*Kreise*，见本书第三章第六节）提供区域性的基础结构，确保各项准则和决策得到普遍遵守，而行政管理、资源调动和社会控制等功能则在领地层面上由众多的公国与城市执行。

虽然施密特把帝国看作第一个德意志民族国家，彼得·克劳斯·哈特曼（Peter Claus Hartmann）却认为它是一种联邦制的"区域性中欧"（central Europe of the regions），直接借用位于布鲁塞尔的欧盟委员会的说法，把帝国打造成为一个作为当下正进一步推进的欧洲一体化进程的模板。他还使用了欧盟另一个官方术语——"辅助性原则"（the principle of subsidiarity），本质上与施密特的辅助性国家的概念所表达的含义一致。不过，虽然哈特曼把帝国当作国家，但他反对施密特把它视作一个民族的观念，认为帝国实际上是欧洲的帝国，而非德意志帝国 [51，293]。约翰内斯·布克哈特（Johannes Burkhardt）也认为施密特给予帝国的积极评价仍有余地，称帝国"在近代早期伊始就已经解决了其他学者在 21 世纪才开始讨论的宪政问题" [65：314]。

在这场围绕术语展开的争论背后是学者们在史学意义问题上的根本分歧。布克哈特认为，近代早期的历史学研究要通过观照当代世界的问题而获得"政治关联性" [65：299]。考虑到媒体和相当一部分教育对较为新近事件的高度关注和对人类其余部分历史的忽略，以及健忘的政府随意削减对看似不太流行的研究课题的赞助，这一说法有其正当性。然而，也有学者批评这一观点是在过去与现在之间塑造错误的延续性。例如，赖因哈德认为，联邦德国与旧帝国之间毫无联系，而是一个朝向"英国议会制、法国国家主义（etatism）和普鲁士官僚主义"方向发展的强权国家 [59：340，356]。

施密特的批评者和支持者都认为他坚持使用"帝国－国家"和"联邦制国家"等术语是不合时宜的，使他的历史解释遭到曲解 [59：343；65：301]。"帝国－国家"的概念阻碍了而非有助于理解。在近代早期的文本中

"Staat"（国家）一词有时候跟"Reich"（帝国）连用，但一般是指宪政体制，而非现代意义的国家（state）。然而，这并不意味着我们不应把帝国视作国家。施密特的批评者存在的主要问题在于，他们或者认为政治发展是沿着一条朝向现代单一制国家的方向逐步中央集权化的道路进行，或者（如赖因哈德）把这样的国家视为唯一且最终的结果 [288]。他们拒绝使用"state"一词来指称帝国，却在不经意间令"德意志特殊道路"的观点得以延续下去，使德意志历史失去了与其他国家的历史做比较时所必需的共通的概念语言。正如布克哈特所指出的那样，在欧洲的历史上曾经出现过许多种类的国家，真正令人感兴趣的问题不在于帝国是不是一个国家，而在于它是哪一种国家。

施密特另一项重大贡献在于将民族认同的问题重新放进了历史学的议程之中，其处理方式避免了 20 世纪 30 年代鼓吹的"泛日耳曼道路"（Pan-German approach）这一主张所隐含的危险。学界随后开展的讨论丰富多彩，为此本书第 2 版需要全新的一章来加以论述。施密特把帝国的历史限制在德意志核心地区的做法是否正确，将在接下来的两章当中进行探讨。

尽管尚未达成共识，但我们仍可从 20 世纪 60 年代以来的研究当中得出三个结论：第一，帝国的政治发展，必须从其所处的更广阔背景（尤其是社会背景）来考察。第二，帝国体系的形成，是包括帝国机构在内的帝国所有的组成部分相互作用以及受国际压力影响的结果，而非由皇帝与诸侯之间简单的二元关系所决定，这是诺伊豪斯强调的一个观点 [56]。第三，帝国政治中其他因素的存在表明，帝国的发展道路并非唯一，在其不同历史阶段存在许多可供选择的"其他"道路。

第四节　帝国政治发展趋势

福尔克尔·普雷斯主编的一本颇有影响力的论文集，对帝国发展的这些备选道路进行了一定的研究 [101]。该书最引人注目之处在于，它进一步支持了现有的观点，即取代帝国的方案并非只有建立强权国家这一途，无论强权国家是在皇帝强有力控制下的单一制形式的帝国，还是解体为规模更小的、独立的中央集权的领地邦国。帝国政治发展的多样化道路的存在，突出了一个重要事实，即在任一时期，帝国都包含有多种经常相互冲突的发展趋势。考察这些不同发展趋势，不仅极大地推动了对重大事件如三十年战争的过程与结果的研究，也极大地推动了对帝国到底是什么样的政治实体这一问题的探讨。

皇帝有可能对帝国实施更强有力的直接控制,这可以被称为帝国政治中的君主制原则。在中世纪大部分时期,皇帝几乎与其他国家的扩展、巩固自身权威的国王一样,试图加强对帝国的统治。但我们从大量有关皇帝个人的研究中可以看出,1495 年之后皇帝在多大程度上认真考虑过对帝国实行强有力的直接统治,仍是一个具有历史争议性的问题 [107, 108, 109, 114, 121, 134]。当然,直到帝国崩溃,对诸侯和较小的地方领主有可能被某种形式的"帝国绝对主义"(imperial absolutism)剥夺自治权的担忧,始终是一个问题,这也是决定他们与皇帝关系的一个主要因素。

传统等级制结构的持续发展是帝国第二种政治趋势。正如下文所述,这一趋势使得帝国具有了一种独特性,即服从皇帝总体权威但又不受其直接控制的多层次政治结构。尽管这一结构为帝国所独有,但其思想基础为曾受罗马天主教影响的欧洲国家所共有。这些思想包括一种近代早期特有的政治代表权观念,其基础是:依据成员不同的社会功能,把社会划分为不同的团体性阶层(*Stände*)[34: 233–258]。尽管实际划分远非精确,也远未把所有社会成员都纳入其中,但依据这一等级划分原则,仍可大体将社会划分为三个等级:教士(为每个人的灵魂得救而祷告)、贵族(勇士和领

袖）和平民（满足社会的物质需要）。作为封建关系
（*Lehensverband*）共同体的帝国，依赖于并强化了这一
社会组织结构，因为帝国将其成员约束在复杂而相互
交织的依附与义务的链条中，所有成员在根本上都服
从于皇帝的最高封建统治权。

到 15 世纪晚期，形成于中世纪的依附与义务这两
大因素，塑造了帝国的等级制结构。政治代表权取决于
在一种复杂关系中的社会地位与领地地位。对后来人而
言，这种复杂关系显得不合逻辑。根据领主名义上的世
俗与宗教功能对其进行的横向划分被一种上下有别的
纵向划分取代 [141]。上位的世俗领主与教会领主的共
同特征在于他们拥有帝国采邑（*Reichslehen*），即从皇
帝那里直接获得的领地。这使得他们获得了皇帝直辖
的地位（*Reichsunmittelbarkeit*），意味着在他们与皇帝
之间没有居中的管辖权层级。在 1500 年，这一群体包
含 1 万名采邑拥有者及其家人。他们中的大多数是骑
士（*Ritter*）和男爵（*Freiherren*），采邑面积小，通常
只有几个村庄。一个人数较少的精英集团进入了历史，
即"帝国诸侯"（imperial princes），或者还有一个不太
准确的说法叫"德意志诸侯"（German princes），这是
对大约 320 名采邑拥有者的一种方便的简称。他们还
会根据一种日益精细化的头衔等级制度进一步区分层

级，但基本上可细分为两类。第一类，地位较高，拥有"正式的"（full）诸侯头衔，从下往上分别是边疆伯爵（*Markgraf*）、领地伯爵（*Landgraf*）、侯爵（*Fürst*）、公爵（*Herzog*）和选帝侯（*Kurfürst*）。所有这些诸侯的共同之处在于都拥有"帝国采邑"，这使他们可以直接从皇帝本人手中获得封地。1521 年正式的诸侯包括 37 位世俗诸侯和 53 位教会诸侯，后者的特点在于世俗头衔和教会头衔合而为一，称为"诸侯主教"（*Fürstbischof*）。第二类，人数更多，但地位较低，包括 143 位伯爵和 83 位男女修道院院长，他们通常是从皇帝的代表那里间接获得封地。

　　第二个主要群体由余下的大约 5 万个帝国贵族家庭组成，他们属于"间接"领主，这意味着他们与皇帝的关系是由一个或多个中间层级的领主来协调的。这一地位较低的群体内部也按照头衔的等级区分高下，从骑士自下而上至公爵乃至亲王。同样，他们通常根据地位细分为两类：地位较高者直接被称作（尽管有些不太准确）"领主"（*Herr*）或显贵，较低者被称为骑士。高阶群体仅存在于帝国东部地区，即奥地利、波希米亚和哈布斯堡王朝至 16 世纪早期已获得的其他领地。许多波希米亚显贵的领地远比有些帝国诸侯的领地更辽阔，但从未获得正式的帝国采邑身份，无法使其拥有者取得皇帝直辖的地位。地位较低下的贵族即骑士所获得的采邑有些是来自这些显贵，有些是来自对这些显贵享有管辖权的帝国诸侯。

12世纪城镇的发展为这一模式增添了一种新的非贵族因素。城镇不是个人采邑，但仍然体现着对依附性居民的管辖权。尽管城镇政府由享有投票权的公民选举产生，但全体城市居民仍要服从于其封建领主。从12世纪中期开始，众多城镇摆脱了其直接的世俗或宗教领主的管辖而成了自由城市。皇帝为了制衡强大的地方诸侯经常鼓励城市自治。到1500年，大约80个享有特权的城镇获得了"帝国城市"（*Reichsstadt*）的地位，这意味着在它们之上除了皇帝自己以外没有其他领主。帝国其余的4000个左右的城市仍维持"领地城市"（*Landstädte*）的地位，表明它们是众多领主采邑的一部分。

14   政治代表权遵从这一套贵族等级体系，每个层级的领主都宣称代表其附庸的利益，并自认是在履行促进更广泛的"公益"（*Gemeinwohl*）的义务。通过在习惯上和法律上与特定地区相联系，这些政治参与的权利实现了"领地化"（territorialized）。随着时间的推移，帝国采邑逐步被视为构成帝国的独立领地（*Länder*），而那些数量更多的间接采邑只是附属于这些领地的分支而已 [273]。

封建关系的互惠性质加强了事务决策中的参与性因素，而后者则是等级代表制的核心。影响到所有人生活的重要决策，只有经由主要社会阶层的代表同意，才具有约束力。在中世纪的政治斗争中，这一原则逐渐确立下来，迫使皇帝在政策问题上同最重要的帝国采邑拥有者进行商讨。这些采邑与其统治者一道，共同组成著名的"帝国阶层"（Reichsstände），其议事机构就是著名的"帝国议会"（Reichstage）。许多领地还出现了较低层级的代表制，代表们与地方统治者共同议政。这些领地等级议会（Landtage）在人员组成上差别巨大，但一般都包括地方教士和贵族代表，以及主要城镇的平民代表 [254：1—22]。

到了 15 世纪晚期，这些权力和职责的划分还远不清晰，一些关键问题仍有待解决。哪些帝国采邑拥有或者说要求获得中央决策的参与权仍不清楚，尤其是当这一权利越来越多地与在公共事业（如集体防卫）中贡献人力与金钱的义务联系在一起时。统治着小型帝国采邑的帝国骑士（Reichsritter）要求免除这些义务，这导致他们在 16 世纪被剥夺了帝国阶层的正式投票权。同样不清楚的是：皇帝与帝国阶层之间的集体协商采取的是何种形式？帝国议会这样的议事机构拥有什么样的权力？在普鲁士中心论者看来，这一局面是帝国虚弱与衰

败的标志，而近来的史学研究则视之为开放与活力的象
征 [45, 49, 56, 58]。

15 这种不确定性促进了联邦主义（federalism）作为
君主制原则和传统等级制原则之外的帝国第三种政治趋
势的发展。这可能是近来研究中最有争议性的领域，当
然，目前对它的研究尚不充分 [78]。人们通常将联邦主
义与现代的共和国如奥地利、德国、瑞士和美国等联系
起来。给帝国的基础组成部分打上"联邦制"的标签，
这会让人误以为它们已经具有现代的特征，或者将它们
视为当代制度的起源。联邦主义的现代性从根本上而言
在于，它以成员之间相对平等的互动关系为基础。联邦
制的宪法也许会授予某一地区比其他地区更多的议会席
位，但这会建立在共同标准的基础上，例如各自的人口
规模。这种平等关系是帝国先天就缺乏的，帝国的政治
权利与身份等级制度相关。帝国能够容忍联邦主义的发
展趋势，这些发展趋势又确实在某些情形下转而巩固了
帝国。然而，联邦主义最终推动帝国在 1806 年被莱茵
邦联（Rheinbund）取代。

帝国政治中存在着三种联邦主义因素，它们都促进
了帝国的全面发展，并影响到帝国的历史遗产。简单来
说，它们是：诸侯－领地联邦主义、贵族联邦主义、原
始民主联邦主义或激进联邦主义。下面我们将依次考察

这三者，这样也可更加突出贯穿本书余下部分的问题。

前文已经论及，帝国内部形成不同的领地，这是一个重大而长期的趋势。直到比较晚近的时间，学界仍完全是用"领地化"（*Territorialisierung*）相关术语来讨论这一趋势 [45]。本质上，领地化的内涵就是在讨论其他欧洲国家时提出的"国家建构或形成"（state-building/formation），即在一个特定地区内最高合法权力垄断地位的形成，并以司法、军事、行政等基础结构作为支撑，以便进行有效统治，同时取得并维持外部力量如外国统治者的承认。这一进程在德意志领地与在法国等其他国家之间的根本差异在于，前者是领地性的，而非全国性的。帝国并未在全国范围内形成统一的权力垄断局面，而是在其众多领地内发展起大量规模更小的、地方化的权力垄断结构 [95]。在本书后续章节中我们将会看到：围绕这一进程如何以及为何发生、完成的程度、对更广阔社会的影响等问题，学术界有许多争论。

有一个因素是可以肯定的，即德意志的领地化与帝国的命运紧密相连。这一关系颇为含糊。随着领地日益加强的自给自足性减轻了长期以来其自身对帝国结构的依赖性，领地的分割与巩固也就削弱了这一结构。但只有在领地继续保持帝国成员的身份时，这一进程才有可能发生，因为帝国既赋予领地存在的合法性，同时又保

16

护它们免受敌对的掠夺成性的欧洲邻国的侵犯。很少有德意志领地拥有在帝国体系之外作为自给自足的独立国家生存下来所需的资源。事实上，即便是具备独立生存能力的奥地利与普鲁士，至少也在一定程度上依附于帝国直到帝国最终崩溃，这一点十分重要。

尽管学者们早已认识到这些因素，但对它们的研究主要是从具体领地的角度进行的，忽略了它们对于帝国总体结构的意义。事实上，它们的影响包括两种主要的帝国政治发展趋势：在领地层面，政治巩固的进程意味着把先前独立的因素，如领地等级议会，置于日益加强的诸侯绝对统治之下，这通常会削弱等级制。就这方面而言，领地诸侯是在自己的统治范围内贯彻君主制原则的。然而，这一进程的实现必须取得传统结构中更高等级的许可，一个重要原因是：诸侯权力的合法性是由帝国法律以及皇帝与诸侯的直接封建关系自上而下赋予的。另外，这一进程并不总是符合皇帝的利益，因为诸侯领地的自治会削弱皇帝对各领地人力资源与物质资源的控制，即削弱帝国政治的君主制原则。为了阻止皇帝对领地加强直接控制的任何举措，领地统治者通常会通过等级议会原则，捍卫其在中央的政治代表权，由此他们促进了帝国议会和大区这一帝国区域划分制度的发展。通过加强位居皇帝和领地之间的中间层级的制度，等级制进一步得到巩固。

这样一来，领地诸侯也就在政治上露出了两面性：一边在其领地内部实行中央集权的绝对统治，一边又抵抗皇帝的中央集权措施。无论哪方面的行动，诸侯都要借助帝国的法律与制度，这进一步表明，传统的皇帝－诸侯二元关系模式已经过时。考虑到与某种形式的总体性政治结构有持续性联系，领地化的长期影响在于，推动帝国朝着由自治、集权的领地邦国组成的更为松散的联邦制发展，这正是帝国在其最终崩溃过程中所经历的。帝国崩溃时，奥地利与普鲁士作为两个能独立生存的邦国与帝国分离了，余下的德意志领地在法国的保护下组成莱茵邦联。与之类似，根据1815年拿破仑战争结束后的协议而成立的德意志邦联（*Deutscher Bund*），也包含这一形式的联邦主义。但不同的是，德意志邦联的政治框架更为庞大，包含德意志两大强邦。

对贵族形式和激进形式的联邦主义的讨论，源自有关德意志历史上代议制形式问题的视野更广阔的历史辩论。这场辩论在西方始于20世纪50年代，既是为新成立的联邦德国的制度提供合法性证明的一种半官方行为，也在某种程度上意味着长期受忽视的德国自由主义历史研究的全面复兴。从这些研究中得出的结论，通常都用二元论的旧模式考察帝国政治，只是简单地以原初民主形式的代议制替代了先前强调的作为衰落的封建结构唯一"替代品"的强权国家。我们经常可以从中看到辉格派（Whiggish）目的论史学的强烈色彩，因为某些研究者试图把后来出现的议会民主制的起源回溯到旧帝国的制度与文化。这一特点在有关帝国议会 [143] 和领地等级议会 [72，250] 的研究中表现得尤为明显，近来更有学者试图把大区议会（assemblies of the Kreise）视作联邦德国参议院（*Bundesrat*）的雏形 [211]。

20 世纪 60 年代对联邦德国议会民主制的批评，使得更为激进的代议制形式再度引起人们的关注，而对宗教改革时期社会与宗教转型中民众因素的研究，也推动了这一思潮的形成。这一方法的主要代表彼得·布利克勒（Peter Blickle）提出了现今著名的"公社主义命题"（communalism thesis）[26，27]。他既反对那种更为古老的、浪漫化的农民公社理想，也反对民主德国历史学界偏爱的更为严格的马克思主义模式，转而强调在封建贵族阶级和威权国家长期处于支配地位的传统之外，德意志历史还有一种可选择的传统。尤其引人关注的是，通过参与农业经济的集体活动和面对面的村社生活，农民们形成了一种共同的认同感，"外来者"（如封建领主和教会领主）的压迫进一步加强了这种团结意识。在有利的条件下，它不仅能跨越地区界线，还能吸纳城市公社中的下层。帝国内广泛存在的相对分权、自治的地方政府，使得这种团结获得了制度保障。大多数村社都在相当程度上进行着自我管理，拥有财产的农民选举自己的议员和法官。即便是在那些到 17 世纪时农民的权利由于农奴制的发展受到削弱的地区，尤其是易北河（River Elbe）以东地区，日常生活事务仍主要由各家庭的男性家长集体决定。来自领地邦国的侵犯极少，即便是世俗领主和教会领主，很大程度上也要拉拢乡村首领来维护其利益，并确保封建义务得到履行 [34]。城市政府一般层级更多，但在帝国许多规模相对较小的城镇和城市中，依然存在浓厚的公社因素。

尽管这些一般性的描述很少受到质疑，但布利克勒从中得出的结论招来了相当多的批评。布利克勒的主要观点是：乡村的团结和自治催生了他所说的"公社主义"，这是民主化的一个初始阶段。强大的公社形态的存在，被视为民众集体行动的一个前提；在此条件下，民众能够提出获得政治代表权的要求，挑战封建领主权威和实施威权统治的领地邦国的权威。许多民众起义，尤其是德意志农民战争（German Peasants War，1524—1526），都以公社为基础，这看上去强化了布利克勒的观点。但对布利克勒的批评者，如福尔克尔·普雷斯、罗伯特·斯克里布纳（Robert Scribner）[34: 291-326] 来说，公社主义命题试图从历史中来寻找近现代流行的反威权主义思想的起源，这是另一种形式的新辉格派史学传统。

当然，近来关于农民公社和领地等级议会的重要研究 [261, 268] 表明，这些近代早期的历史现象，与后来的代议制和政治行动的形式之间并无直接关系。然而，这一讨论却使人们注意到，帝国内部不仅存在以领地邦国为基础的联邦主义因素，还存在其他形式的联邦主义。与其他国家一样，德意志贵族具有强烈的集体主义精神，这为跨地区的政治合作提供了基础。这方面最突出的表现就是，帝国骑士在 16 世纪联合起来组成州（canton），以保护其共同利益不受更为强大的领地诸侯的侵犯 [157]。除了符腾堡和一些小型领地，其他所有领地，如梅克伦堡（Mecklenburg）的等级议会，都有强大的贵族代表，他们完全支配着地方议会。与帝国骑士一样，许多等级议会都感受到了领地化进程的威胁，因为这一进程大体上是沿着中央集权的绝对主义路线发展的。由于面临相似的威胁，不同领地的等级议会联合起来，不仅可以抵抗自上而下的侵犯，还可能完全取代诸侯的统治。此外还存在着与贵族联合相似的民众联合，即在中世纪晚期形成的城市与农民公社的联盟。尽管这些城市同盟，如德意志北部的汉萨同盟（Hansa

League)和南部的施瓦本同盟(Swabian League)[209],通常只是以维护共同安全为目标,很少为集体行动建立持久稳定的制度,但瑞士各州的联盟产生了持久影响。

近来研究 [71, 101, 254] 表明,在 16 世纪,这些贵族形式和民众形式的联邦主义,是取代君主制原则和等级制原则的切实可行的方案。哈布斯堡王朝征服瑞士各州的多次行动都以失败告终,使得后者到 1499 年时事实上已实现独立,脱离了帝国。帝国其他地区的村社也想走这条路,1524—1526 年的农民战争是其高潮,但均以失败收场。然而,新近改奉新教的瑞士城市与德意志南部和莱茵兰(Rhineland)地区的城市之间的宗教及经济联系,促使后者在 16 世纪上半叶屡屡尝试"变成瑞士"[71]。尽管这些希望均未实现,但相似的宗教与政治冲突使尼德兰的城市和地方等级议会联合起来,在 1567—1648 年的荷兰起义(Dutch Revolt)中反对西班牙哈布斯堡王朝。显然,这些于 1548 年被皇帝查理五世(Charles V)划归西班牙王室的地区正在脱离帝国。然而,荷兰与德意志北部之间的经济、宗教与战略联系仍然十分紧密,并因荷兰在三十年战争后对帝国重要城镇长期实行军事占领而进一步加强。即便遭到《威斯特伐利亚和约》正式禁止,莱茵河流域若干公国 [如于利希(Jülich)、克莱沃(Cleves)、贝格(Berg)]

的等级议会，以及威斯特伐利亚地区 [如东弗里西亚（East Frisia）] 的等级议会，仍在继续寻求荷兰的军事和政治支持 [28, 250]。在其他地方，宗教改革导致的教派分裂，也加强了贵族自治的要求。到 16 世纪 90 年代晚期，哈布斯堡王朝为了更强有力地直接控制完全不同的各地方领地，而转向更有侵犯性的反宗教改革的天主教，形势变得更为敏感。基本上处于新教贵族支配下的匈牙利、波希米亚和奥地利的等级议会，在一系列同盟中联合起来保卫其传统自由权。它们还与帝国以外的地区进行接触，包括特兰西瓦尼亚（Transylvania）和奥斯曼苏丹国（Ottoman Sultan）的等级议会。

所有这些行动都未能成功地建立起一种取代诸侯领地邦国的稳定结构，尤其是因为这并非贵族的主要目的。《威斯特伐利亚和约》确认了荷兰独立，但也通过"领地主权"（Landeshoheit）观念加强了诸侯的权力。与通行看法相反，这一观念并未使诸侯取得事实上的独立，但肯定了领地事务的主动权在于诸侯，而非等级议会或任何其他集体组织。尽管领地邦国后来在诸侯的绝对主义统治下不断得到巩固，但它并非无孔不入，也未完全取代帝国政治中的其他趋势。通过勾画帝国的宪政发展历程，我们可以更好理解这些趋势的相对重要性。这是下一章的任务。

第二章

宪政发展

第一节　1495 年之前的发展

　　长期以来，人们一直习惯于根据帝国历史上一些具有重要意义的关键"转折点"，来划分帝国发展的阶段，1495 年帝国议会在沃尔姆斯（Worms）召开会议、1648 年《威斯特伐利亚和约》签订，都属于这类转折点 [49]。只要人们承认这些年份是过渡阶段而非断裂阶段的标志，这一方法就有相当的作用。本章关注的焦点在 1495 年之后，因为得益于解决内部冲突和组织对外防御的新机制的建立，这一年普遍被视为帝国从中世纪向近代早期转变的标志 [56]。不过，我们首先必须找出在这一时间点之后对帝国发展继续产生影响的中世纪思潮。

　　公元 800 年，查理曼在罗马被加冕为罗马皇帝，这一事件被普遍视为神圣罗马帝国建立的标志。843 年罗马帝国（*Romanum Imperium*）已被分割，到了 887 年，帝国发展为三个不同地区，分裂正式固定下来。西部地区后来成为法国。泛称为洛林的中部王国部分归属法国，部分归属后来成为神圣罗马帝国的东部地区。中部王国余下部分在 11 世纪以勃艮第（Burgundy）之名重新崛起，但在 1477 年勃艮第的查理（Charles）死后，又沦为法国国王和奥地利哈布斯堡家族的大公们竞相争夺的对象。①

东部王国，也就是神圣罗马帝国本身，从842年起就已按其主要语言被称为"德意志王国"（*Regnum Teutonicorum*），但随后又细分为三个相互联系的王国：德意志王国、意大利王国和勃艮第王国。到11世纪时，德意志国王与皇帝的区别已模糊不清，就像神圣罗马帝国与德意志王国的区别一样。这些因素导致帝国逐渐成为一个封建管辖权相互重叠的地区。

查理曼采用皇帝头衔的目的在于复兴古罗马帝国的西部地区，而非要取代自4世纪以来已发展成为拜占庭帝国的东部地区。帝国的概念是基于皇帝与教皇之间对世俗职能与宗教职能的理想化分工。此即所谓"双剑

---

① 5世纪中期日耳曼人的一支勃艮第人，在今法国东南部罗讷河（Rhône）流域一带建立勃艮第王国，又称勃艮第第一王国，532年被法兰克王国征服。9世纪法兰克王国分裂后，勃艮第王国又逐渐分为上勃艮第王国、下勃艮第王国和勃艮第公国三部分。933年，上、下勃艮第王国合并组成新王国，史称勃艮第第二王国，1032年归于神圣罗马帝国皇帝康拉德二世（Konrad II）统治，作为神圣罗马帝国的一部分一直延续到1378年解体。勃艮第公国由西法兰克国王于877年封立，14世纪与15世纪时逐渐成为欧洲的一支重要政治力量，勃艮第公爵名下的领地也实现了大幅扩张。1477年勃艮第公爵大胆者查理（Charles the Bold）战死后无子嗣继承，其领土遭到瓜分，勃艮第公国旧领地被法国国王路易十一（Louis XI）吞并，而勃艮第所属尼德兰在内的其他大部分领地转归哈布斯堡王朝的马克西米连一世（Maximillian I）。——译者注

论"（Two Swords theory）。但对于二者之间何者享有最高权威并无共识。查理曼的继承者们并未持续使用皇帝头衔，直到 962 年奥托一世（Otto I）才恢复，并试图得到拜占庭皇帝的认可，但未果。教皇坚持认为自身地位高于两位皇帝，这使得基督教欧洲在 1054 年彻底分裂为天主教的西方和拜占庭帝国治下的东正教的东方。这场大分裂导致教皇备受批评，并使奥托一世以后的皇帝们声称其教会保卫者的角色赋予了他们干预教皇事务的权利。这一主张的正当性也因"帝国权力转移"（*translatio imperii*）的思想而得到加强。按照这一理论，帝国是古罗马的直接延续，因此它是《但以理书》（Book of Daniel）所预言的第四个也是最后一个"世界君主国"（world monarchy）。帝国在上帝给人类制订的计划中发挥着关键作用，在末日审判之前维持着世界秩序。正因为这些观点的作用，到 1254 年时，"罗马帝国"（*Romanum Imperium*）这一名称前面加上了"神圣"（*Sacrum*）一词 [96：187−202；298]。

奥托王朝、萨利安（Salians）王朝和施陶芬（Staufer）王朝支配着中世纪晚期的帝国政治史。每个王朝都面临四个相关问题，这些问题构成了帝国发展的背景。第一个问题是，帝国需要阻止西部的法兰克人和东部的匈牙利人与斯拉夫人侵犯外层边界。在抵抗匈牙利人和斯拉夫人的过程中，形成了帝国的第二个主要趋势，即从12世纪起德意志移民向波罗的海南岸扩张，导致与波兰人和立陶宛人发生冲突。第三个问题是，与教皇争夺对帝国教会的控制权，即著名的"叙任权之争"（Investiture Contest），并演变为在意大利北部的"帝国意大利"地区争夺控制权的斗争。这些外部压力激化了第四个问题，这也是一个内部问题，即帝国内部皇帝权威的性质和领地化的发展问题。

23　　　中世纪帝国政治受芭芭拉·施托尔贝格－里林格所说的"亲自出席"（personal presence）文化的支配[105]。面对面的互动比通过信使或书信进行的间接沟通价值更大。亲自出席意味着同意，而那些提前离席者或缺席者可以宣称自己不受任何决定的束缚。出席重要集会的社会义务缓解了这一潜在的政治缺点。贵族的地位需要反复重新确认，且只有通过上位者的认可和下位者充分的顺从才能获得意义。任何代表必然要比他所代表的主人社会地位更低。一位领主如果不能参加游行或出席宴会，他的位置就有被他人顶替的风险。由于地位与行使管辖权相关，频繁或长期缺席会面临地位被永久剥夺的危险。出席也利于领主提出诉求并就重大问题发表自己的意见。最后，面对面接触能够减少误解，有利于达成妥协。即便不能达成一致，不满意的一方也可以表达象征性的抗议，如拒绝参加某些仪式或者早退。把问题留到将来召开下一次会议来解决能够维持和谐的局面，而地位的变化也可以解读为一种无损其他任何人利益的特别恩惠。

这些惯例使得皇帝在没有重要资源、常备军或官僚阶层的情形下对广袤帝国实施统治具有可能。中世纪的皇帝实行巡回统治，不断从一座城堡、宫殿或城镇移动到另一座。其中部分的确直接归皇帝所有，但到 13 世纪晚期时多数已抵押或赠予给了诸侯或贵族。即便是这种挥霍也无关紧要，因为皇帝在帝国教会的众多修道院或主教的邸宅里总是受到欢迎的。这种巡游君主制使得皇帝个人能够有效地干预领地政治甚至是地方政治。反叛的诸侯或城镇能够被镇压，纠纷能够得到解决，皇帝的权威也能够得到展示。然而，皇帝无法同时事事兼顾，其真正的权力基于劝说足够多的领主与之合作并在他离开时不要制造麻烦的能力。

中世纪早期三个伟大的帝国王朝的历史实质上就是一部不断树立权威的斗争史。尽管在斗争中原则自有其重要性，但所涉及的问题是忠诚、荣誉和每一个人在上帝面前合适的角色，而非围绕抽象宪政观念的冲突。许多冲突只是皇帝与大贵族之间的个人竞争而已。

最后一个中世纪大王朝施陶芬王朝过度扩张的

野心，使帝国难以承受，导致 1254 年帝国部分崩溃。1273 年帝国改革了皇帝选举制度，此后每任皇帝都从不同的家族中选出，这使得帝国崩溃后形成的内部危机进一步加剧，从而导致了皇位继承的王朝延续性受阻，君主制原则受到限制。皇位原本由哈布斯堡家族、拿骚（Nassau）家族、维特尔斯巴赫（Wittelsbach）家族和卢森堡（Luxembourg）家族轮流继承，但卢森堡家族在 1347 年之后垄断皇位长达 90 年。

为了应对更复杂的形势，卢森堡王朝改变了帝国统治的基础。悬而未决的"叙任权之争"削弱了皇帝和教皇的威望，促使法国、西班牙和其他已完全摆脱帝国管辖权的地区出现了更具独立性的王国。与此同时，一任一任的皇帝们在大肆挥霍皇室领地和其他资产以寻求诸侯支持其与对手的竞争。这一过程转而又推动了贵族与较大城镇自我独立意识的增强，使帝国更难以利用现有的惯例来进行统治。为了巩固统治，卢森堡王朝的皇帝们积攒世袭的王朝领地以作为丧失的皇室领地的替代。关键性的突破是在 1306 年获得波希米亚的领土，因为波希米亚本身是一个独立王国，土地广袤，人口众多，经济富庶。这一政策既无计划性，也不连贯，到 14 世纪中期左右，卢森堡王朝最初在莱茵河中游所拥有的领地大部分都已被地位较低的皇亲国戚们占有。然而，此时帝国的统治有更为丰饶的资源作为基础，而且，随着匈牙利加入帝国（卢森堡王朝从1386年开始统治匈牙利，直至1437年王朝败亡），这些资源还在进一步增多。

对1437年前后帝国形势的研究大多受到了彼得·莫拉夫（Peter Moraw）开创性工作的影响 [54]。莫拉夫按照与皇帝在政治上而非地理上的亲近程度把帝国分为四个区域。皇帝自身的世袭领地是核心地区，为维持帝国统治提供了过半数的人力和资源。剩余的大部分地区组成了"接近国王"（Königsnahe）的第二个区域，包括法兰克尼亚（Franconia）、施瓦本以及多瑙河（Danube）上游、莱茵河中游、美因河（Main）、萨勒河（Saale）和易北河中游等河流峡谷中的众多领地与城镇。这些位于德意志中部和南部的地区是帝国人口最稠密的地区，相比于东部和北部地区，这一区域长期以来维持着数量更多、规模相对较小但经济相对更富庶的领地。第三个区域是"向国王开放"（Königsoffen）的区域，例如莱茵河下游和西北方的威斯特伐利亚，皇帝经常到访该区域，但得不到稳定的支持。最后是"远离国王"（Königsfern）的区域，由易北河和波罗的海沿岸之间面积更辽阔但人口更稀少的一众公国，也就是1500年左右被称为上萨克森和下萨克森的地区所组成。这一区域只是自12世纪起才被纳入帝国版图，对帝国政治的参与也是断断续续的。

第二节　帝国改革时代

　　将上述区域整合为联系更紧密的整体的努力就属于"帝国改革"的历史。传统研究认为是贝特霍尔德·冯·亨内贝格（Berthold von Henneberg）发起了改革。作为美因茨（Mainz）大主教，他试图建立新的中央机构，尤其是在 1495 年帝国议会上。在二元论模式下的讨论中，改革是皇帝与诸侯为争夺决策控制权而展开的斗争，结果通常被描述为令人失望的妥协，因为它使帝国变成了皇帝与诸侯共享权力的虚弱的"混合君主制"（mixed monarchy）。后来的研究则更为乐观，把改革的时间跨度上溯至 15 世纪早期，下限延长至 16 世纪中期，认为改革是一个渐变的过程，赋予了帝国独特的近代早期形态 [82]。近年来，对改革的研究领域在进一步拓宽，宗教变革与政治变革也被纳入其中 [28, 50]。帝国改革与宗教改革齐头并进，携手推动国家与教会的变革。这一解释颇值得称道，因为它消解了当时人所不能理解的政治与宗教的区分。此外，它还将这两大进程视为对标志着从中世纪向近代早期过渡的广泛现象的正常回应。尽管显然这两大进程无法完全区分开，但为了便于理解，我将首先讨论政治变革，在下一节再探讨宗教问题。

影响这些变革的最重要因素是黑死病暴发后引发
的 14 世纪中期危机。帝国人口下降了三分之一，这提
高了幸存者的劳动价值、可获取的土地数量以及对领主
的议价能力。村民与市民在此过程中实现了更大程度的
自治，彼得·布利克勒称之为"公社主义"[27]。新的
定居模式对此颇有贡献，不仅有 1300 年左右核心村庄
模式的推广，还包括城市的迅速扩张，城镇的数量也从
1200 年的 50 个增至 1500 年的 4000 个。面向市场的新
生产形式也在发展，货币作为商品交换和资源开采媒介
的重要性随之得到提高。并非所有人都能获益。从 14 世
纪至 16 世纪，超过半数的贵族家庭消亡了，或失去了其
地位。到 1470 年，帝国人口超过了危机前的水平，这使
得城镇与乡村重新出现了人口对土地的压力，社会分化
也进一步加剧。不断升高的暴力水平体现了社会关系的
紧张。允许在法律仲裁缺位时由代表诉讼双方的打手以
决战结果作为诉讼结论的私战（feud）传统，使得暴力
行为几乎不会受到控制。这种私战在 15 世纪随着火药技
术的传播和新的战争形式的出现而变得更加致命 [162]。

基本生活模式的变化推动了普遍与文艺复兴相关的
新思维方式的形成，也加强了对古代世界知识的使用及
其在当下问题中的运用。学习与传递思想的新方式，即

所谓人文主义，促进了古罗马成文法于 1400 年左右在帝国的传播。交流方式的变化，尤其是 1450 年以后印刷术的发展，以及 1492 年美洲新大陆的发现，引发了进一步的质疑和讨论。

欧洲政治的结构也在发生变化。英国、西班牙和法国经历长期内战之后发展成为更强大、更加集权的君主制国家。法国在勃艮第公国最后一任公爵于 1477 年去世后将其旧领地收入囊中，从而具备了挑战哈布斯堡王朝的能力。到 1494 年，法国侵犯了帝国在意大利北部地区的管辖权，引发了一系列旷日持久的战争，直至 1559 年才结束。与此同时，随着信仰伊斯兰教的奥斯曼土耳其人占领君士坦丁堡（Constinople，今天的伊斯坦布尔），古老的东罗马帝国的残余在 1453 年彻底倒下。在 20 年的时间里奥斯曼土耳其人征服了巴尔干半岛各民族，并威胁着帝国东部的匈牙利。

27　　国际关系均衡局势的不断变化恰逢哈布斯堡王朝在 1437 年卢森堡王朝末代皇帝西吉斯蒙德（Emperor Sigismund）去世后崛起为新的帝国王朝。选帝侯们在 1438 年选中了西吉斯蒙德的女婿哈布斯堡大公阿尔布雷希特（Albrecht）。尽管阿尔布雷希特的统治因其 19 个月后的死亡戛然而止，但他开启了后来被证明是前所未有的王朝连续统治时期，一直延续至 1806 年帝国的终结，只有在 1740—1745 年短暂中断过。起初哈布斯堡王朝的统治看似与卢森堡王朝几无二致。阿尔布雷希特的继任者弗里德里希三世（Frederick III）在其长久的任期内只忙于处理与亲戚们之间爆发的王位继承权纠纷，以及与瑞士、波希米亚和匈牙利之间展开的导致国力日渐虚弱的斗争。弗里德里希三世的相对软弱更显得后来哈布斯堡王朝权力的增强越加非同寻常。弗里德里希三世之子马克西米连一世在 1477 年之后获得了勃艮第公国大部分的土地，包括今天的卢森堡、比利时和荷兰 [107, 135]。马克西米连一世谨慎的联姻策略也获得了回报，因为他的孙子，也就是未来的皇帝查理五世，在1516 年继承了西班牙王国的王位，而西班牙当时正在巩固其在新世界建立的帝国。查理五世的弟弟，也就是其未来的皇位继承人斐迪南一世（Ferdinand I），在十年后继承了波希米亚和匈牙利的王位。这些富饶的王国和行省连同哈布斯堡王朝在奥地利和德意志西南部地区既有的广袤领地一道，赋予了查理五世远比至少此前 250 年内的任何一位皇帝都更加崇高的威望和更加丰富的资源。这也使他获得了一种独特的地位，一方面在1519 年他被正式选为帝国皇帝，另一方面他还是以西班牙及其全球领地为中心的自家王朝帝国的统治者。

早期对查理五世的研究大多数都集中在第二种帝

国也就是王朝帝国上，而非迟至 1520 年他在当选后过了数月之久才抵达的神圣罗马帝国。他是最后一位在领地之间来回奔波的巡游皇帝，相比之下，他的继任者们常驻在布拉格（Prague）或维也纳（Vienna），只有在召开重要会议时才前往德意志。查理五世在帝国停留的时间还不到其在位时间的一半，而其中的大多数又是耗费在了尼德兰。对于有关查理五世对德意志事务的处理的讨论，通常只关注他为实现在 1517 年马丁·路德（Martin Luther）违抗教皇权威后而形成的两大教派的和解而付出的努力。

从查理五世的哈布斯堡帝国角度看，以国际视野对其予以解释也不无道理。它与神圣罗马帝国有部分重合，但并未被后者吸收成为一体 [109，114，115]。哈布斯堡帝国是一个"复合型君主国"（composite monarchy），依靠王朝自身而实现统一 [248]。帝国的治理成为家事，通常由统治着各大王国和行省的姐妹们、儿子们和弟弟们直接行使管理权。哈布斯堡家族最初在奥地利的世袭领地在 1521 年移交给了斐迪南一世，5 年后他还获得了波希米亚和匈牙利 [112，127]。无人采取措施将匈牙利整合进神圣罗马帝国的体系。相反，哈布斯堡王朝仍然延续着卢森堡王朝的惯例，将其世袭领地视为与神圣罗马帝国相独立的部分，从而形成了一种持久的特征。皇

帝的统治现在依赖于从世袭领地直接获取的资源，在有
必要或有可能的情形下，如果统治着神圣罗马帝国其他
领地和城镇的领主与地方官员同意，也会有额外收入作
为补充。帝国改革本质上包括建立机制使皇帝能够与这
些地方统治者协商，并且为协调他们允诺提供的任何资
源的征收与利用而发挥框架作用。

第二个重要问题随之而来。帝国改革发展成为皇
帝、领主与地方官员的共同行动，以应对使所有人都受
影响的问题。普通人也在其中发挥着作用，不仅仅是反
对自上而下发起的变革，也是自下而上地积极改造地方
社会。然而，改革常常是充满暴力的，尤其是因为政
治变革是与围绕教会组织和教义的争论纠缠在一起的。
1419—1434 年波希米亚的胡斯起义（Hussite rising）就
已经非常明显地体现了这一点。皇帝西吉斯蒙德费尽九
牛二虎之力才将起义镇压下去。1500 年左右还爆发了
其他的人民运动，尤其是在莱茵兰地区，以彼得·布利
克勒所说的“普通人的革命”（revolution of the common
man，但通常被称为 1524—1526 年德意志农民战争）为
高潮 [26]。尽管各有不同，但这些冲突本质上都是决定
每一个公社的成员和形式的斗争，不仅要决定谁应该被
包含在内，也要确定他们所要扮演的角色。帝国后来形
成的结构要归因于这些斗争没有一个明确的胜利者，使

得没有任何一个解决方案能够实施，不过作为替代，帝国的政治框架则把不同形式的公社结合了起来。

公社制度在交通不便的地区取得成功，既是因为这些地区有利于居民的自力更生，也是因为对他们的管辖权通常是由不在地的领主来行使，而这些领主并不适合在地方的反对之下维护权威。正如托马斯·布雷迪（Thomas Brady）所论："后中世纪时代，德意志政治最持久的产物不是普鲁士或其他大型邦国，而是瑞士。"[28：8] 瑞士起源于 1291 年 3 个山谷地区建立的同盟。14 世纪危机时期又有 6 个地区加入，截至 1460 年又新增了 7 个正式或非正式的成员。1499 年它们成功击退了哈布斯堡王朝试图恢复领主权的进攻，至 1536 年又吸引了 8 个城市和山谷地区加入同盟。在其他地区，市民与村民的合作成效并不突出。在 1524—1526 年击败农民与市民的，不仅仅是诸侯们先进的武器和军事组织，还有利益的分化。德意志农民战争是否能真正被称为"革命"尚有争议，但它仍是帝国境内规模最大的人民起义，也是最后一场席卷多个地区的起义。起义的失败阻止了其他城镇"变成瑞士"的企图 [71]。北海沿岸的沼泽地和岛屿也为公社自治提供了肥沃的土地。1500年，刚刚被弗里德里希三世转让给丹麦国王的迪特马申（Dithmarschen）地区的公社挫败了后者实施领主权的行动。尽管丹麦在 1559 年征服了这一地区，但再往西的弗里西亚人公社仍保留着相当程度的自治，直至帝国终结。

当与帝国城市的生存过程进行对照时，这一结果显示出在帝国内部普通人的地方自治运动的成功与重要性。相较之下，小贵族则遭遇了一场严重的失败。数量众多的骑士并非注定都是封建的反动派。例如，弗朗茨·冯·济金根（Franz von Sickingen，1481—1523）就走在了经济、行政与军事变革的前沿。然而，骑士们的个人采邑规模太小，无法实现有效自治，通过地区联合来加强合作的行动又缺乏充分的稳定性，只会刺激诸侯们与城市联合起来采取反制行动，连续的攻击迫使骑士们在 1522—1523 年臣服。在 1500 年的 1 万名自由骑士中，到 1530 年时只有 1500 人逃过了"归并"（mediatization）即被诸侯们收编的命运。这些幸存者被称为"帝国骑士"，通过定期向皇帝的金库"自愿纳贡"，他们仍然维持着与皇帝之间的直接关系。他们的采邑按地区被分为 14 个"州"，每一个州都设有一位选举产生的州长。但他们拒绝参加任何通过帝国改革而成立的机构，主要原因是担忧他们微薄的资源会不堪重负。后来他们回心转意时却遭到了回绝，在诸侯们看来，他们在社会与政治地位上低人一等，自己并不愿意与他们分享真正的权力 [141]。

因此，骑士并没有获得帝国阶层的地位（*Reichsständschaft*），帝国阶层正是帝国改革最主要的成果。这一地位的确立依靠的并非设计而是惯例，正如个别领主和城市官员被召集到宫廷会议（*Hoftag*）上与皇帝商讨资源调度和胡斯起义这种急迫问题 [148]。出席会议就意味着接受会议所达成的负担分摊协定，因此许多人是不定期参会，或是完全拒绝出席，例如骑士。从 15 世纪中期开始，在许多大型领地内部也出现了同样的过程，比如科隆（Cologne）和特里尔（Trier）两位选帝侯的领地，或者符腾堡伯爵（自 1495 年起为公爵）领地。在这里，领主们召集附庸，往往还有地方城镇和教士的代表，作为"领地阶层"（*Landstände*）开会讨论领地层面上的类似问题。会议确立了参会先例，赋予参会方参与未来会议的资格，但需要付出代价，即按照会议所达成的共识提供资金或兵员。到 1512 年，帝国阶层已经以地区为基础组成 10 个大区，成为代表制中的中间层级（见本书第三章第六节）。

这些日趋复杂的制度推动了亲自出席的中世纪文化向更现代的书面文化的转型。自从帝国成立以来，重要协议均以书面形式加以确定，显要者如 1220 年和 1231 年分别颁发给教会诸侯与世俗诸侯的权利特许状，以及著名的 1356 年《金玺诏书》（Golden Bull）。后者是皇帝与其主要封臣之间的妥协，它制定了规范皇帝选举的程序，持续使用至 1806 年几无变化，从而稳定了全国政治。它加强了德意志选举制而非罗马的权力，从而也意味着与教皇的决裂。分别统治着美因茨、科隆、特里尔、勃兰登堡、萨克森、波希米亚和普法尔茨（Palatinate）的 7 位主要封臣，被确认为选帝侯，只有他们能够选出成为候任皇帝的德意志国王，又名"罗马人之王"（*Römischer König*）①[144]。这一制度把政治权力与选举行为而非教皇的任命关联起来，这也解释了为何传统的前往罗马的加冕之旅日益式微。然而，皇帝新获得的不受教皇干预的自由需要付出代价，每一位新皇帝在其权力能够生效之前都要确认选帝侯们的特权。就此而论，《金玺诏书》承认了中央与领地权力之间的平衡，这将成为帝国宪法的重要基础。1519 年查理五世被选为候任皇帝，这促使选帝侯们在将皇帝称号授予一个已然是强大国王之人之前向新皇帝寻求更多的保障。这一约定被称为《选举让步协议》（*Wahlkapitulation*），更加细致地规定了皇帝与选帝侯的职责与特权 [126]。

31

---

① "罗马人之王"（*Rex Romanorum*）是中世纪时期神圣罗马帝国的皇帝在被教皇加冕为"罗马人的皇帝"（*Imperator Romanorum*）之前采用的头衔，后也用于称呼选帝侯在皇帝在世选出的皇位继承人。——译者注

不过，这也可以被看作以书面形式确定关系的大趋势的一部分。中世纪的皇帝在位时期只签署数千份文件，而查理五世提笔书写了至少 10 万封信函。书面文书正在获得更大的效力，成为一种合法的沟通形式和政治实践，这一点尤其受到了人文主义者颂扬古代文学和宗教改革家推崇《圣经》之举的启发。

书面文化推动了中世纪晚期的宫廷会议转变为近代早期的帝国议会。在帝国登记簿（*Reichsmatrikel*）上登记即表示帝国阶层的身份。1521 年的登记簿被用于其后历届议会的召集，并成为计算税收和兵役负担的依据。尽管部分小领地后来因为归并或外来入侵而失去了其地位，但登记簿上并未添加新成员。1582 年的一份裁决禁止利用王朝分割来创造新的帝国阶层，从而更加坚实地巩固了代表制。因此，如果一个诸侯家族在诸子中分割领地，继承人们只能共享代表权或指派一人独享。这一进程相当程度上削弱了皇帝特权，因为皇帝再也不能随意地选择咨询人选。以前皇帝与受宠的封臣之间是个人关系，现在这种关系要受到宪政文件的约束。虽然完整的影响还要到几十年后才能明晰起来，但大约 1480—1520 年间这些关系相对快速的法典化仍起到了巩固帝国等级制结构的作用。组成每一个帝国阶层的群体都在政治上被划分为不同层级，只有一小部分经过精挑细选之人才在代表权制度发展起来的地区作为领地阶层拥有这一权利。拥有此等权利的贵族被视为其佃农的代表，同样，城市官员及罕见情形下的乡村官员也代表各自地区的居民，而教士则代表其机构，如修道院。在这种领地层级以外的代表权则被限定在支配着每一个帝国阶层之人的手中。同样，10 个大区的划分也为每一个帝国阶层带来了在大区议会（Kreistag）这一中间层级的代表权 [210]。

通过在新的书面文件中划分职能和管辖权，在帝国、大区和领地层级上的制度发展同时获得了更大程度的连贯性。1495 年，创建帝国枢密法院（Reichskammer-gericht）作为帝国最高法院（见本书第三章第三节）就是一个很显著的例子。它在帝国层面实现了司法权与立法权的分离。在许多较大的领地上也发生了类似的权力分化，例如 1500 年的黑森（Hessen）和九年以后的巴登（Baden）。新"枢密院"纷纷成立以便向领地统治者提供建议，并监督逐步按照职能组织起来的各级下属机构，此外还成立了处理司法、财政、军事事务的独立部门，甚至从 16 世纪 20 年代开始在新教地区还有专门负责宗教事务的机构。

哈布斯堡王朝维护其世袭领地独立性的政策在 1500年左右推动了两种帝国机构的发展。皇帝与帝国阶层的合作促成了集体性机构（如帝国议会和帝国枢密法院）的产生。到 16 世纪中期，又增加了一种相对初级的财政管理机构和一种公共军队的动员机制（见本书第三章第四节、第五节）。对哈布斯堡王朝勃勃野心的忧虑促使亨内贝格在 1500 年创立了一个顾问委员会，名为"帝国咨政院"（*Reichsregiment*），其成员来自各帝国阶层，轮流当值，在帝国议会休会时协助皇帝。这一制度两年后就崩溃了，但在 1521 年，考虑到查理五世即将返回西班牙，这一制度又得以恢复。到 1524 年时，第二届帝国咨政院濒临瓦解，但若从皇帝与诸侯权力之争的二元主义角度来解释这一局面又有失偏颇。虽然无论是马克西米连一世还是查理五世都不愿意看到皇帝特权受限，但他们也都承认，没有主要的帝国阶层的合作，帝国统治就无法维持。1522 年以后斐迪南一世掌权，此时诸侯们将帝国咨政院视为对其自治权的潜在威胁，但即便诸侯们的反对呼声日益强烈，斐迪南一世仍恢复了帝国咨政院。1530 年查理五世返回帝国，诸侯们又趁机将

³³ 帝国咨政院解散，这一改革试验就此终结 [118, 133]

因此，集体性机构主要承担咨询和协调职能，这促使皇帝要成立专属机构来处理其他事务。政策建议以及与帝国阶层和较低阶的臣民日渐增多的书面沟通由帝国枢密院（*Reichskanzlei*）负责处理，而司法特

权的行使和与分封有关的所有事宜均交付帝国宫廷法院（*Reichshofrat*）负责处理。二者均非新设机构，但在16世纪仍未完全成型。尽管随着界定其职权范围的书面法令应用日广，二者的某些职能才得以明晰，但其人员通常要受命承担各种任务。这在近代早期欧洲极其普遍。二者的独特之处在于，由于皇帝的双重身份，即帝国首领及与帝国平行的哈布斯堡君主国之主，它们逐渐分属于两个不同的皇权领域。这种分离在帝国枢密院中体现得最为明显。《金玺诏书》为每一位选帝侯都分派了一个荣誉性的御前职位。书面文化的发展使美因茨选帝侯担任的帝国大首相（imperial archchancellor）之职在政治上成为最重要的职位。在亨内贝格的改革中，帝国大首相负责主持帝国议会，并监督对议会审议的记录和议事决议的传达。帝国又特设了一个书记处（secretariat），在帝国议会开会期间来处理这一事务，同时也是为了协助作为最高帝国阶层的美因茨选帝侯。皇帝自己的文书工作则交给一位帝国副首相，副首相由皇帝与美因茨大主教－选帝侯商议后选任。起初，副首相作为皇帝的主要代表处理与各帝国阶层的所有往来事宜，随后又在维也纳（有时也在布拉格）成立一个独立的书记处予以协助。与此同时，为了管理帝国范围内的哈布斯堡王朝世袭领地，斐迪南一世在1527年后又成立了多个职能机构 [84, 112]。尤其是自 17 世纪 30 年代起，这一套独立的哈布斯堡王朝管理机构的重要性不断上升，事实上帝国副首相之职也被纳入其中，担负处理王朝与帝国关系的职责。

34　　通过将权利更明确地与特定的领地联系在一起，帝国阶层地位的强化推动了权力的"领地化"。宣称对同一地区享有管辖权的领主们不得不更精确地界定其职权。这一过程虽然会突出领地之间的差异，但并不必然会对帝国造成损害。权利的划分遵循的是等级制原则，帝国宪政的这一特征由此得到加强。例如，一位领主可能行使较小的管辖权，只能审判轻罪；而另一位领主则行使死刑管辖权（Blutbahn），即更高级的、对死刑犯罪的审判权。再一次，书面文化在勾画这些制度方面变得日趋重要。帝国阶层的统治者们开始颁布"领地法令"（Landesordnungen），先是在 15 世纪 40 年代的巴伐利亚，随后在整个 15 世纪扩展至其他地区。这一立法有助于树立领地阶层在领地层面上的政治地位，因为它们不仅帮助统治者实现了既有习惯法的法典化，而且提出了新举措来解决新问题，如规范对森林和水车用的水流等重要资源的利用。

从 15 世纪晚期开始，帝国议会开会的频率不断提高，这加强了法令在指导领地活动方面的作用。从当时最重要的决议清单中可以看出，帝国立法的范围包括：经济和财政政策，体现为 1512 年的反专卖法和 1535 年禁止羊毛出口法令；法律改革，体现为 1512 年的帝国公证条例和 1532 年的查理法典（*Carolina* law code）；公共秩序，体现为 1530 年和 1548 年两次颁布的帝国治安条例，以及 1555 年颇为重要的帝国执行条例（Imperial Executive Ordinance）。尽管 1570 年关于全国防务问题的讨论并未引发重大变革 [96, 97, 136]，但更多其他法令的通过，如 1559 年帝国货币条例和 1577 年的另一部治安条例，表明改革活动并未随着 1556 年查理五世退位而结束。这些措施再次巩固了帝国的等级制特征。帝国立法发挥着框架作用，可以经过改造以适应地方情势。帝国法律优先的原则可以保证立法的连贯性，而且帝国枢密法院（至少在理论上）可以推翻与帝国法律相悖的领地法律或裁决。

帝国阶层内部的行政管理也日益等级化和复杂化。传统的以领主权为基础的封建管辖权模式被一种新的行政区划体系超越并逐步取代。新的区划制度将全国分为若干地区（*Ämter*），每一地区又被分为教区（parishes）和社区（communities）。地区的行政中心在集镇（market towns）而非领主的城堡，由诸侯任命的官员（*Vögte*，*Amtmänner*）进行管理。乌尔姆（Ulm）

和于伯林根（Überlingen）等帝国城市拥有相当多的依附性农村领地，也采用同样的制度。地区的边界都标记在地图上，1500 年以后地图被越来越多地用于协助行政管理和登记所有权 [20]。官员们会收到规定其职权和报酬的任命书，他们被要求向领地中央政府定期汇报。宗教改革运动在相当程度上促进了"监视国家"（surveillance state）的创立，因为它鼓励教区以更系统的方式保管其登记簿，从而为世俗政府征兵和征税提供了更准确的人口数据。

官员们继续从领地封臣当中任命，例如从诸侯手中获得间接采邑的贵族。然而，在官员获得选任的地区，他们日益被要求具备一些任职经验，或是在一所新的人文主义大学受过教育 [260]。查理四世于 1348 年在布拉格建立了帝国第一所大学。到 14 世纪末期，又新增了 3 所大学，在 15 世纪和 16 世纪又分别建立了 11 所和 9 所大学。仅在 1400 年到 1500 年间，学生数量就增加了 3 倍，而众多的拉丁文法学校则为更多的学生提供了较为初级的教育。课程内容增加了医学、自然哲学、民法以及教会法。中学和大学毕业生一般被称为"有学问者"（Gelehrten），他们推动了书面文化的传播以及罗马法等新思想在整个领地政府以及帝国机构内获得认可。这些人成为新的帝国枢密法院的职员，并经常被选派到帝国议会和大区议会中，顶替留在当地管理领地的统治者，代表帝国阶层参会。

对于这些发展的影响，学界众说纷纭。传统解释认为帝国改革导致中世纪帝国错失了向现代中央集权制国家转变的机会。普鲁士中心论的史学研究谴责马克西米连一世和查理五世置其王朝目标于自身的"日耳曼"使命之上。查理五世拒绝接受新教之举也被视为错过了利用新宗教塑造民族认同的契机。这种负面评价也影响到海因茨·席林，他认为帝国只是实现了"部分现代化"[60]。这一观点确实概括出了帝国的中世纪要素和近代早期要素的奇特结合，但很不幸的是，这也意味着对现代性的衡量是以政治发展的单一尺度为参照的。有鉴于此，约翰内斯·布克哈特提出，帝国并非在通往现代性的道路上停滞不前，它象征着将中世纪政治组织的两种要素成功结合起来的另一条道路 [46：139−165；47：31−41，442；65：305−310]。中世纪政治的普适性依然存在于帝国的意识形态之中，存在于皇帝作为基督教欧洲首要君主的正式地位之中。特殊性存在于管理着日常生活的地方政治之中，并因领地化而获得了更大程度的连贯性。通过在这两种此前大体上处于分离状态的领域中间嵌入帝国议会和大区等集体性机构，帝国改革使得二者的联系更加紧密。布克哈特的"双重国家"（*Doppelstaatlichkeit*）概

36

念将帝国与领地结合了起来，因此它与格奥尔格·施密特提出的在帝国不同层级分配功能的"辅助性国家"模式颇为类似 [63]。在描述帝国改革的结果方面，这两种概念都比仍暗示皇帝与诸侯之间存在权力二重性的"共治"（co-governance）等术语更有效 [28：406]。

这一结果在欧洲当然非同寻常。西欧的君主国如法国、西班牙和英格兰都是围绕一个核心区域 [法兰西岛（Île de France）、卡斯蒂利亚（Castile）、英格兰东南部] 实行中央集权。外省也许会在一定程度上抵制一体化，但发展的大趋势是明确的。罗纳德·G.阿施（Ronald G. Asch）注意到，帝国的发展却是背道而驰的 [65：205-206]。莫拉夫所识别出的在中世纪晚期接近国王的地区，在近代早期随着实际权力重心转移至哈布斯堡领地而沦为政治真空 [54]。哈布斯堡王朝并未尝试将其核心领地与神圣罗马帝国融为一体，而是提高其世袭领地的自治地位，并发展出一套独立机构来处理与帝国阶层的关系。

第三节　教派时代

宗教改革的重要性使得许多历史学家都把 1517—1648 年这段时间称为"教派时代"（confessional age）。

当然，近来研究也表明，宗教改革运动与更宏大的社会政治问题紧密相关 [28，221，222]。这明显体现在，新的神学思想加强了更为激进的联邦主义形式，后者又表现为一些帝国城市试图"变成瑞士"并加入瑞士各州组成的邦联，以及民众抗议领地统治者和封建领主与日俱增的各项要求 [27，71]。

这些颠覆性趋势与神学家对道德重要性的强调一道，推动统治者从 16 世纪 20 年代开始采取措施，力图对教会实行更大程度的政治控制。这一进程被称为"教派化"（confessionalization），并被视为帝国在这一阶段的一个标志性特征。"教派化"概念首先由恩斯特·策登（Ernst Zeeden）于 1958 年提出，后被其他学者采用。它可以被定义为：从思想和组织上巩固分化的基督教教派，使其成为几近稳定与独立的教会组织，并形成独有的教义、组织结构、宗教与道德文化 [215：169－192；237；241]。尽管起初是运用于面对新教兴起而自我改革的天主教，但这一概念显然也适用于在信奉新教的领地出现的相同进程。策登认为，教派化的动力来自教会之外，尤其是不奉官方宗教普遍被视为一种政治颠覆形式。当然，将追求正统的动力与世俗政府对臣民实施广泛的"社会规训"联系起来已很常见 [255]。

海因茨·席林将教派化观点发展到极致，认为在以教皇和皇帝并列至尊地位为基础的、单一的欧洲等级制度瓦解之后，以及在一个由主权国家组成的新国际秩序兴起之前，存在着一个空白期，而这正是由团结一致的教派来填补的 [103：39—40, 385—387]。这对帝国造成了严重的后果，因为帝国没有确立一个统一的官方信仰，从而无法利用宗教来塑造一个更团结的单一制国家。这一解释是席林有关帝国改革评价（即改革使帝国实现了"部分现代化"）的必然推论。其他学者也提出了大体类似的观点，但重点已从关注宗教分裂延伸至对后来德意志历史上所出现问题的解释。对阿克塞尔·戈特哈德而言，教派对立不仅使得三十年战争（1618—1648）不可避免，而且也推动了后来奥地利与普鲁士的竞争，因为支持皇帝的势力大体上都是天主教徒，而新教徒据说支持用联邦取代帝国 [50：165—167]。按照托马斯·布雷迪的说法，教派一直在阻碍国家统一，因为尽管普鲁士在 1866 年最终战胜了奥地利，但仍有五分之二的德意志人信仰天主教。直到 1945 年以后这两大教派才"与世俗国家以及相互之间握手言和" [28：410]。

尽管这种对宗教好斗性的重视毫无疑问代表着许多帝国居民的观点，但如果要用它来解释一切就会是一个错误的做法。没有一个宗教团体奉行连贯或协调一致的政策来促进信仰顺服。教会与国家的官方行动经常与地方政策相冲突。许多人仅在表面上顺服，内心却有不同的信仰，或是以务实的态度对待宗教，只接受那些与其日常生活关系最密切的方面。宗教改革之前的习惯依然存在，甚至延续至 18 世纪。简言之，教派化充其量是一种永久的未竟之业，而按照某些研究来看，则纯粹是少数狂热的教士和后来的历史学家们凭借想象虚构出来的 [38，216，217]。它重点关注分裂人民之事，而完全忽略了持续使人民实现团结的因素，这样当然会扭曲我们对 16 世纪政治的理解 [151]。

路德神学通过削弱传统教会的宗教权威造成了出人意料的政治影响。路德介绍了一种不寻常的"信徒共同体"（community of believers），他们可以通过直接阅读《圣经》而获得上帝之道，无须要求神职人员作为中介为他们提供解释。这对于那些厌倦了等待教会领袖自我改革的人颇有吸引力。在帝国改革的进程解决了帝国内部政治权力分配问题之前，路德的思想就已经吸引了大量的追随者。随后产生的问题均来自这一事实，即无论信仰如何，无人愿意放弃强调一种唯一的、普世真理的中世纪理想。宗教宽容不是选项，因为只有一个版本的基督教才是正确的 [232]。中立也不被接受，因为在他人的冲突中袖手旁观会被谴责为完全是要让魔鬼大行其道。掌权者不会允许异端思想的传播，即便不损害其自身的合法性。

这就是查理五世在 1520 年年末抵达帝国时面临的形势。在 1521 年春季召开的沃尔姆斯帝国议会期间，路德受传唤在一场著名的质询中进行解释。查理五世并非冷漠无情，但他不得不考虑教皇的要求，即发挥作为传统教会世俗保卫者的作用。路德及其追随者受到了剥夺法律保护令（imperial ban）这一帝国的最高惩罚，他们不再受帝国法律的保护。后续事件通常被描述为普通人和精英集团争夺改革主导权的斗争，而随着 1526 年农民起义的失败，"诸侯的宗教改革"取代了人民的宗教改革 [26, 221]。这一分析总体上仍有其价值，但存在着将帝国政治的二元论模式永久固定下来的风险。要重点关注领地而非帝国，要记述诸侯们如萨克森选帝侯是如何在其领地上保护路德并实施改革的。

我们需要把宗教改革运动全部的政治史看作一系列为缓和或推迟实施查理五世在沃尔姆斯所发布的裁决而付出的努力。宗教争论远远不会推翻帝国宪政，而是会推动论战各方寻求世俗机构对其诉求合法性的支持。帝国法律的力量得到了展现，因为它推迟了萨克森、黑森和其他重要邦国实施路德倡导的改革，直至 1526 年 8 月在施派尔（Speyer）召开帝国议会以后，每一位统治者才获准在教会召开全体大会之前自由行动。这象征着对 1521 年裁决的第一次推迟。1529 年 4 月在施派尔召开的第二次会议上，人们试图扩大实施该裁决，并发明了"Protestant"（新教徒）一词来指代那些对于支持实施沃尔姆斯裁决的多数派决议持反对意见的人。

这一事件使我们可以从更宏大的背景来看待宗教改革，即帝国政治文化向正在对帝国政治实施改造的书面文化转变。中世纪帝国依赖共识。决议都是获多数投票而通过的，只不过，对于谁有权利参与投票的规定非常模糊，缺席者的义务也不明确，因此仍然可以维持表面上的团结。那些同意多数决议者负有实施该决议的道德义务，但对于缺席者或提早离席者，事情的处理就有很大空间。他们会直接推迟执行有分歧的决议以等候更有利的机会。书面文化会更明确地标明存在分歧的领域，这会妨碍达成共识。例如，所有试图让神学家们言和的努力都鼓励每一个团体更精准地说明其主张，而这只会加深分歧。在帝国议会内维持和谐的假象更加困难，因为现在辩论都要记录在册，决议也都要一一列入一份最终的文件 [名为"帝国议会决议"（Recess）] 上。帝国阶层的特征使天主教徒获得了宪政上的优势，因为1521 年选帝侯和地方诸侯一共 90 张选票中有 53 张掌握在帝国教会的神职人员手中，而忠于传统信仰恰恰对这些神职人员有利 [154]。

　　新教徒面临着一个困境。与波兰或匈牙利的贵族不同，德意志诸侯缺乏明确规范的抵抗权利。当路德颇为勉强地同意效忠上帝优先于效忠皇帝时，以萨克森和黑森为首的一小撮邦国在 1531 年就成立了施马尔卡尔登同盟（Schmalkaldic League）以备不测。同盟的发展证明了有关宗教在帝国之地位的重要观点，也使得以教派化观点解释一切现象的有效性受到质疑 [70，91，218]。与后来的新教同盟（Protestant Union，1608）和天主教同盟（Catholic League，1609）一样，这一教派同盟缺乏明确的合法性，无法发展成为对既有帝国机构的有效替代。宗教团结永远无法完全克服在支配着施马尔卡尔登同盟理事会的诸侯与为同盟提供资金并要求与瑞士更紧密合作的信奉路德宗的帝国城市之间存在的社会与政治方面的紧张关系。部分城市与诸侯则完全拒绝加入同盟。没有一位主要的同盟领导人渴望武装对抗。当 1546 年武装冲突最终爆发时，是政治而非宗教为之提供了理由。查理五世援引的借口是，萨克森和黑森占领了不伦瑞克（Brunswick）公国，破坏了帝国的公共和平。这场短暂的战争交战双方都是职业雇佣兵，并没有同时发生人民之间的宗派暴力冲突。

　　1547 年 4 月，查理五世在米尔贝格（Mühlberg）战役中获胜，这促使他试图全面解决政治改革与宗教改革两大问题。路德派被迫在教皇发布有关教义的最终决议之前接受对公共信仰的约束，即所谓《临时敕令》（Interim）[236]。通过巩固帝国内部哈布斯堡王朝领地的自治权，帝国的管理得到简化。勃艮第领地在1548年被分配给查理五世的儿子腓力（Philip），并通过一纸协议将这些领地与西班牙联系起来，直至1700年。斐迪南一世被确认为奥地利、波希米亚和匈牙利的统治者。帝国其余部分将通过与主要的帝国阶层联盟进行统治，尤其是萨克森韦廷王朝（Wettin dynasty）的分支阿尔布雷希特（Albertine）家族的莫里茨公爵（Duke Moritz）[100: 67−127]。尽管信奉路德宗，但莫里茨在施马尔卡尔登战争中仍支持查理五世，并获得了从韦廷王朝资深的恩斯特（Ernestine）分支家族那里剥夺来的选帝侯头衔的奖赏[274: 90−107]。

　　1548年以后这一协议的瓦解说明个人关系对帝国政治继续发挥着重要作用。查理五世的傲慢态度导致了他与许多诸侯的疏远，当中也包括莫里茨。1552年，莫里茨取得法国的支持发动了叛乱。他为自己的行为辩护的依据是"古老的日耳曼自由"，这一概念已被公认为是对帝国阶层之特权的一种隐喻（见本书第四章第一节）。战斗规模很小，因为参战各方都为法国在莱茵兰的侵略而忧心，也对支付士兵薪水以及约束士兵行为的难度而感到担忧。同年 7 月，双方在帕绍（Passau）达成妥协。查理五世被边缘化了，因为诸侯们直接与其更务实的弟弟斐迪南一世谈判，而斐迪南一世也在 1555 年的帝国议会上将《帕绍和约》（Passau agreement）扩大为一项涵盖范围更广的协定。

这就进入《奥格斯堡宗教和约》（Religious Peace of Augsburg）的历史了，而这段历史也颇富争议。传统的消极评价仍然盛行，只不过有些方面已有所缓和 [230]。人们普遍认为这只是一场休战，不可避免地导致了 1618 年的大战 [76: 18-19]。长期以来由于对 16 世纪后期帝国政治的研究相对匮乏，这段历史总是被以失败来评价，和约的签署与查理五世退位（1555—1556 年，分阶段完成）[125] 时间的巧合更加强了这种感觉。新研究已经清楚地揭示了 1555 年以后的局势，从而降低了传统观点的可靠性 [97, 98]。

显然，1555 年和约的缺陷与 63 年以后三十年战争的爆发之间并没有直接联系 [38]。与在 16 世纪 60 年代以后饱受内战之苦的法国和尼德兰相比，帝国只经历了两场地方性的、血腥味相对较弱的冲突：一场是围绕科隆大主教继任人选（1583—1587），另一场则是因斯特拉斯堡（Strasbourg）主教的继任人选而起（1592）。在一些帝国城市发生过教派冲突，尤其是在多瑙沃特（Donauwörth，1605），但这一切都不及 1572 年针对法国新教徒的圣巴托洛缪大屠杀（St Bartholomew Massacre）。

1555 年采取的解决方案偏离了欧洲君主建立统一的官方认可宗教的大趋势。地方诸侯们在 1552 年发动了叛乱，因为他们尚未准备好由皇帝独自决定何种信仰正确。作为替换，帝国通过帝国议会达成了一项集体协议，划定了帝国阶层的宗教管辖权，从而为天主教徒和路德宗信徒都提供法律保护。选帝侯和地方诸侯们都获得了"宗教改革之权"（*ius Reformandi*），这意味着可以在自己的领地内对教会进行监督。那句"教随国定" *42*（*cuius regio, eius religio*）的名言是在 1586 年出版的批判和约的文本中才被创造出来的。事实上，统治者们并不是可以随意地选择自己的信仰，而只是可以皈依路德宗，如果他们愿意的话。宗教管辖权是以采用 1552 年为标准年（*Normaljahr*）的方式来确定的，那一年《帕绍和约》结束了诸侯们的叛乱。这意味着天主教徒不得不接受在此之前遭受的教会财产损失，而路德派也需要停止对更多的修道院和其他教会财产进行世俗化改革。这些规定并不是现代的宗教宽容政策。教派共存原本也只是权宜之计，许多人希望神学家们依然可以达成一致意见。然而，与《临时敕令》不同，《奥格斯堡宗教和约》并未规定路德派有义务接受教皇做出的终极裁决，而这一裁决最终出现在 1563 年发布的《特伦特公会议教令》（Tridentine decrees）中。天主教徒接受和约的原因在于认为它与战争相比是一个"较小的恶"。事后来看很清楚，宗教改革以失败告终。它并未净化单一的、普世的基督教信仰，也未使教会摆脱世俗的腐败现象，改革过程反倒产生了互相竞争的不同版本的信仰真理，它们还以新的方式融入公共生活之中。

相较之下，通过加强帝国宪政的等级制结构，1555 年和约巩固了帝国改革的成果。事实上，144 项和约条款中只有 26 项与宗教有关。其余条款涉及帝国枢密法院的运行、防务、货币、公共秩序及其他问题。1564 年以后，帝国还采取了额外措施来改善安全、训练士兵。斐迪南一世也通过发布自己的法令来改进正在崛起为第二最高法院的帝国宫廷法院的运行而促进了帝国的稳定 [175]。选帝侯们帮助斐迪南在查理五世退位后顺利继位，因此皇帝与选帝侯的合作也得到了加强，从而为哈布斯堡王朝的奥地利分支保留了皇帝头衔，而腓力二世则统治着一个独立的西班牙帝国。选帝侯和地方诸侯们优越的地位也通过限制城市里的"宗教改革之权"而得到巩固，这使得城市的官员们不能改变居民的宗教信仰。正如帝国经常发生的那样，通过允许持非官方信仰的臣民移居他地，这些协定在面对等级制中的较低阶层时都有所缓和。

《奥格斯堡宗教和约》为帝国的政治与社会精英带来了显著的好处，这一因素有助于解释为何它能存续如此之久。韦廷王朝的阿尔布雷希特家族堪称这一方面的典型，因为他们新获得的选帝侯头衔和选择的信仰在 1555 年都获得了承认。另一个因素是奥斯曼土耳其重新带来的威胁。1564—1568 年期间在匈牙利就断断续续发生了战斗，及至 1593—1606 年间则发生了一场大战，这促使所有的帝国阶层，无论属于何种教派，都投票同意征收重税以帮助哈布斯堡王朝（见本书第三章第四节）。法国和尼德兰内战的前车之鉴让他们认识到了内乱的危险。斐迪南一世及其继任者马克西米连二世（Maximillian II）将宗教视为宪政权利问题而非绝对真理来加以处理，并与信奉路德宗的大诸侯们维持良好的私人关系 [III]。

和约被证明在四个方面是存在问题的：第一个问题也是最严重的问题，是教会领地的命运，因为其统治者被所谓"教会保留条款"（ecclesiastical reservation）剥夺了改变臣民信仰的权利。这一条款保护了在帝国议会内天主教徒的多数地位，也使得路德派无法获取帝国教会的财富和影响力。第二个问题是北德意志的诸侯家族长期以来都将地方的主教区和修道院视为其较年幼子女们适宜的安身之处。1555 年以后，他们中的许多人都被主教座堂教士团或修道院修士团选为主教或院长，从而违背了"教会保留条款"和1552 年标准年的规定。违背标准年条款的行为也发生在领地内部，因为领地统治者们继续推行天主教会财产的世俗化，以便为新成立的路德宗领地教会提供资金。第三个问题与移居的权利有关。路德宗信徒和天主教徒都宣称这一权利属于信仰自由权，同时也认为统治者在必要时有驱逐异端信徒的权力。

加尔文宗的兴起带来第四个问题。《奥格斯堡宗教和约》有意回避对宗教进行定义，这样同一项和约就可以同时适用于两大信仰的信徒们 [232]。路德派的普法尔茨选帝侯在 1560 年改信加尔文宗揭示了这一含混之处，但并未立即对和约造成破坏。加尔文派只是主张通过推进相配套的"生活改革"（Reformation of Life）来完善路德提出的"道的改革"（Reformation of the Word）。天主教徒抱怨说，这恰恰证明新教徒是不可靠的，但这真正成为政治问题是在萨克森和其他主要的路德派帝国阶层与加尔文派反目之时。由于大多数皈依加尔文宗的行为是以损害路德宗的利益为代价，感到愤怒的路德派神学家们在 1580 年以更狭义的方式重申了其教义，这使得加尔文宗是一种不同的信仰这一点越发明显。

44 　　天主教徒和路德派共同的敌意促使部分加尔文宗

信徒提出政治改革的要求。重要的一点是，新信仰得到了等级制结构之下弱势群体的支持，尤其是在帝国议会中被剥夺了正式的诸侯投票权的伯爵们。尽管普法尔茨是选帝侯领地，但在 1500 年左右，由于在一场统治着普法尔茨与巴伐利亚两大邦国的维特尔斯巴赫家族内部纠纷中，哈布斯堡王朝支持巴伐利亚，普法尔茨从那时起就已失去了影响力。但普法尔茨与许多伯爵领地有长期的政治联系，当地的统治者们在 1560 年以后纷纷效仿普法尔茨选帝侯皈依了加尔文宗。到 1590 年，普法尔茨选帝侯已成为那些对 1555 年以后的权力均衡不满者的领袖。普法尔茨的改革方案设想要依照教派路线而非地位，把帝国阶层划分为新教徒和天主教徒两大实体（Corpora），从而摧毁现有的等级制。这不仅将推翻天主教徒在帝国议会的多数地位，小伯爵们也将能够作为新教集团的正式成员而获得更大的影响力。帝国将按照贵族的教派阵营进行重组，对外宣战或媾和、剥夺法律保护令的发布以及帝国阶层个体地位的任何变化都需要取得帝国议会的同意，皇帝将降至有名无实的"同侪之首"（first among equals）的地位。地方诸侯们也将与选帝侯一起制订未来的选举协议，对皇帝特权进行规范。这一方案从未成为一份有凝聚力的宣言，尤其是因为普法尔茨的领导人不时强调其与其他选帝侯共同的高于地方诸侯的优越地位。不过，它确实对有关帝国真正宪政的讨论产生了影响，而且这份文献反过来也影响到后世历史学家们的解释。

普法尔茨方案是用共同的"日耳曼自由"语言来表述的，但其主要针对的是路德派帝国阶层中的质疑者。这解释了为何在面对传闻中的天主教阴谋时，主张新教徒团结一致的煽动性呼吁越来越多。许多天主教徒确实希望把新教徒赶出帝国，但他们从未采取协调一致的行动来纠正 1555 年和约。对抗性强的反宗教改革运动在帝国教会内部迟迟得不到支持，许多教士更倾向于以一种更世俗的、低对抗性的方式对待宗教信仰 [216, 217]。他们意识到他们与新教统治者们共同肩负着维护帝国利益的责任，并继续在共同关心的问题上展开合作，例如抵御奥斯曼土耳其人 [190]。随着时间的推移，恢复旧宗教变得日益困难，因为不论如何，《特伦特公会议教令》已从教义和实践两方面对旧宗教进行了大刀阔斧的改造。即便在天主教徒收复了教会财产之地，那些原本使用教会财产之人，如修士或修女，通常都已死亡或离开。到 16 世纪 60 年代，新兴的野心勃勃的耶稣会（Jesuit order）在整个天主教德意志的扩张只是加剧了天主教会内部围绕战略和影响力的争论，而这些争论妨碍了天主教以协调一致的反应来应对新教。

1555 年和约赋予了帝国枢密法院解决源自《奥格斯堡宗教和约》之纠纷的职责。这一进程的运行一直都相对平顺，直至 1588 年天主教徒针对在北德意志教会领地上当选的路德派诸侯和贵族数量日益增加提出了反对。皇帝拒绝册封这些当选者为正式的帝国阶层，只能容忍他们作为"管理者"（administrators）而非诸侯存在。这一做法产生了问题，因为这些管理者不能参与帝国议会对帝国枢密法院运行状况的定期审查。普法尔茨选帝侯有意让争议变得错综复杂起来，以便使其改革方案获得支持。1600 年左右出现了更多的问题，但无论是帝国枢密法院还是帝国宫廷法院都没有衰落。虽然存在几起引人瞩目的争议性案件，但近来的研究仍强调了帝国司法持续获得的信任 [165]。

一个严重得多的问题是，自从鲁道夫二世（Rudolf II）1576 年继位以来，对皇帝的信任在不断下降。鲁道夫二世日益严重的精神错乱造成了权力真空，因为书信得不到及时答复，决策被推迟，使节们要等候数月以求觐见 [110]。到 1600 年时，鲁道夫二世事实上已在其布拉格的宫殿里隐居不出，这给传统的亲自出席文化造成了永久性破坏，也使他失去了利用传统的面对面接触的方式解决问题的机会。皇帝世袭领地上的问题令他更加苦恼，加剧了其威望的进一步下跌。斐迪南一世在 1564

年以三种方式把领地分给了儿子们，这削弱了哈布斯堡王室，使王朝的新统治者们无法控制不断增加的债务[187]。这一后果一直延续至 1665 年，那时王朝最后一个小分支家族的领地重新被奥地利吞并。与此同时，与奥斯曼土耳其的战争迫使三大分支家族向地方各阶层授予特许权以换取征税许可。到 16 世纪 80 年代，大约四分之三的贵族皈依了某种形式的新教，而他们也利用这种财政权力为其自身及其附庸获得宗教宽容特许状。

　　1593—1606 年的"长土耳其战争"（Long Turkish War）是一场灾难。尽管几乎未有一寸土地被奥斯曼土耳其人占领，但令人失望的结果相当程度上粉碎了人们对王朝仅存的信心，也使鲁道夫二世陷入破产的境地。他拒绝结婚或指派继承人的做法使其家族在"兄弟之争"（Brothers' Quarrel，1606—1612）中自我孤立，而在争斗中各方都向新教贵族做出了更多的破坏性让步，包括波希米亚人在 1609 年作为支持鲁道夫二世的条件强求得到的著名的"陛下诏书"（Letter of Majesty）。鲁道夫二世无力解决另一场围绕着位于莱茵河下游的于利希－克莱沃公国继承权的纠纷，加上其任命信天主教的巴伐利亚公爵去恢复多瑙沃特的秩序这一不智之举，使得部分帝国阶层获得充分的理由在 1608 年与普法尔茨一道成立新教同盟。巴伐利亚在 1609 年成立天主教同盟作为回应。与普遍的认知恰恰相反，此举并未将帝国带到战争的边缘。两大同盟本质上都是各自领导人追求政治野心的工具。双方都没有建立常备军。鲁道夫二世的弟弟马蒂亚斯（Matthias）在1612年即皇帝位后，两大同盟间的紧张关系得到缓解，而天主教同盟也在1617年解散 [38, 131]。

罗纳德·G. 阿施近来强调，三十年战争就起源于这些宪政危机中 [68]；相比之下其他学者则主张，三十年战争是范围更大的国际斗争的一部分 [94]，或是欧洲深层次的"普遍性危机"（General Crisis）导致的结果 [76]。阿施研究方法的优点在于，他把战争重新置于帝国自身的背景下进行观察，强调其他欧洲国家的冲突虽然与此相关，但两者相互独立，这样就可以避免传统民族主义观点死灰复燃，后者把三十年战争视为心怀恶意的国外势力给无辜的德意志人民带来的一场灾难。

1618年5月，一小部分波希米亚地方贵族为抗议哈布斯堡王朝实施仅限天主教徒担任王室官员的政策而组织了"布拉格掷出窗外事件"（Defenestration of Prague），随后发生的波希米亚起义迅速蔓延，政府无力镇压，战争由此展开 [259]。1619年普法尔茨选帝侯决定从起义军那里接受波希米亚王位，使得哈布斯堡王朝的危机与帝国其他地区的冲突合为一体。恰在此时，马蒂亚斯去世，他的一位堂弟被选为皇帝，即斐迪南二世（Ferdinand II）。斐迪南二世的主要目标是其领地，而非帝国，因为他即位之初就考虑加强哈布斯堡王朝在其世袭领地内尤其是在波希米亚的权威 [108]。然而，事实证明，将这一举措与更大的宪政问题分开处理并不可行，尤其是因为他及其反对者都在寻求帝国内外势力的支持。为了对抗斐迪南二世，普法尔茨选帝侯及其他主要新教诸侯，不仅支持波希米亚的教友，而且质疑皇帝把土地和头衔重新分配给他的德意志盟友、把外部势力尤其是西班牙势力引入帝国的权力。冲突升级进一步引出了皇帝在整个帝国范围内的财政与军事权力问题，以及诸侯在其领地内的权力问题，因为无论皇帝还是诸侯，在其各自统治范围内未经同意便征兵、征税时都遭到了反对。正是这些根本性问题的存在，而非宗教仇恨和国际斗争，才使得三十年战争如此旷日持久，如此难以干净利落地结束。

这场战争是欧洲在 20 世纪以前破坏性最严重的一次冲突，使帝国人口减少了至少五分之一。然而，尽管不断有人误以为《威斯特伐利亚和约》的签署使得地方诸侯成为独立的君主，但它并未使帝国沦为空壳。相反，和约只是确认了帝国阶层已有的权利是一种较次要的"领地主权"[24, 86]。更重要的是，领地阶层被剥夺了他们之前经常行使的权利，如成立自己的民兵武装、与其他统治者单独协商等。

和约的签署标志着哈布斯堡王朝维护其对帝国政治更排他的控制权之努力以失败告终。斐迪南二世于1613年召开帝国议会最后一次会议后将其摒弃，他更倾向于直接与支持他的选帝侯和诸侯小集团打交道。他重复了查理五世在1547年的举动，在1623年将普法尔茨选帝侯的领地和头衔授予巴伐利亚公爵，以作为后者镇压波希米亚起义的奖赏 [93]。萨克森也因为在战争的大多数时期支持皇帝而获得奖励，获利的还有其他一些小诸侯和伯爵。然而，事实证明，要废弃仍然是政治合法性来源的既有机构是不可能的。斐迪南二世的儿子和继承人斐迪南三世（Ferdinand III）在1637年以后认识到了广泛协商的益处，在1640—1641年期间召开了一次帝国议会 [139]，并允许帝国阶层在威斯特伐利亚和会于1645年正式启动后参加和会 [124]。这是恢复人们对哈布斯堡王朝信心的一个重要进展，也使斐迪南三世能够实现其提高帝国范围内王朝世袭领地自治权的目标。关键意义在于，和约确认了对1620年波希米亚起义失败后被没收的领地进行的再分配。这是1945年之前在中欧进行的最大规模的私有财产交换，使得土地财产的大部分掌握在了那些不仅信奉天主教而且其影响力源自效忠王朝的家族手中。

这是帝国以修改 1555 年和约为基础解决宗教问题这种一般做法的一个重大例外。与更早签署的《奥格斯堡宗教和约》一样，在威斯特伐利亚所达成的协议并不完全是有关世俗事务的。宗教宽容仍停留在法律平等的程度，只是将现有的框架予以延伸，以便除了路德派和天主教徒外，加尔文派也能纳入其中。标准年修改为 1624 年，虽然天主教徒需要因此而放弃部分北德意志的教会领地，但这使得 1555 年和约存在的问题得到了处理。通过取消诸侯强迫臣民接受其选择的信仰这一权力，所有帝国阶层的宗教改革之权都受到了限制。这里我们能够看到诸侯的领地主权确实比帝国整体的主权要低。不仅如此，不奉国教者获得了充分的法律保护，这意味着帝国建立了远比欧洲其他地区更加广泛的、免受宗教歧视的一系列重要的个人自由权。新规则消除了领地上所有居民可能要改变教派这一忧虑，从而实现了帝国的稳定。因此，每一个领地都可以永久地坚持其在 1624 年确立的官方信仰，无须顾虑后来统治者（甚或居民）的个人倾向。尽管世俗化进展突出，但帝国阶层中的天主教徒仍然比新教徒多，只是后者的领地更大，所辖人口更多。为了缓解新教徒对于多数投票的担忧，和约规定，当讨论宗教问题时，天主教徒和新教徒作为两个教派实体分开投票（*itio in partes*）[233]。

关于这些协议安排取得了多大成功，学者们意见不一。在对奥格斯堡这一帝国城市进行的一项重要研究中，艾蒂安·弗朗索瓦（Étienne François）认为，和约强化了教派分裂，在社区内部创造了一道"无形边界"[228]。例如，在18世纪之前新教徒反对使用格列高利历（Gregorian calendar），这使其与天主教邻居们产生了10天的时差。彻底地实施新标准年制度并无可能，因为无人能够精确地了解1624年权利和财产的分配情况。由此而引发的种种纠纷促使于尔根·卢（Jürgen Luh）发明了"非神圣帝国"（unholy empire）一词来描述1648年以后的形势[235]。在1651—1769年间，至少有31位新教诸侯皈依了天主教，这使得其他新教诸侯担忧其信仰正在败退。1685年，普法尔茨选帝侯的爵位被一位天主教徒继承，与此同时路易十四（Louis XIV）在法国废除了对新教徒实行的宗教宽容政策，教派之间的紧张气氛因此而上升。在法国的帮助下，在九年战争（Nine Years War，1688—1697）期间，新任普法尔茨选帝侯开始在部分领地上恢复天主教信仰，破坏了新标准年制度。1697年签署的《赖斯韦克和约》（Peace of Rijswijk）使普法尔茨的举措得到了国际承认，恰在同一年，萨克森选帝侯个人皈依了天主教[239, 262]。

这些问题导致部分人质疑《威斯特伐利亚和约》使

宗教冲突摆脱了政治因素的经典假说。加布里埃莱·豪格－莫里茨（Gabriele Haug-Moritz）认为，1648 年以后，帝国政治出现了一个"再教派化"（re-confessionalization）过程，尤其是萨克森选帝侯的皈依使普鲁士事实上成为帝国议会内新教徒的领袖 [231]。帝国议会内的新教全体代表在 1653 年举行集会，并且在帝国的剩余时间里仍继续不定期地集会，但这一会议机制从未被承认为帝国机构而取得合法性。选帝侯们和资深地方诸侯并不愿放弃帝国议会内传统的身份等级制带来的好处，而天主教徒与新教徒分开投票的做法仅仅采用了四次（1727、1758、1761、1764），第五次（1774—1775）使用时还受到了威胁。每一次分开投票都由普鲁士组织实施，以阻止它所反对的议案通过。天主教徒对于教派化的政治则更加缺乏热情，从未正式召集过自己的全体代表大会 [101：189—208]。教派仍是一个问题，但在 1648 年以后从未主导过政治。

这一结论表明，《威斯特伐利亚和约》在后宗教改革时代的欧洲作为解决国家与宗教之间矛盾关系的唯一解决方案，取得了全面的成功。通常的模式是通过逐步放松单一的、国家强加的官方信仰，来推动宗教宽容政策的形成。法国对待其新教少数群体的方式表明这种自由权是如何地不可靠。相比之下，帝国为所有受到官方认可的信仰提供了基本保证，以及在帝国法院和平解决纠纷的机制 [224]。

然而，这一解决方案所付出的代价进一步削弱了宪政结构的灵活性。宗教权利在帝国内部增加了一种新的身份特征，使得未来的变革更加困难。在 1648 年看似是一份缓解紧张关系的现代协议，在 18 世纪总体上更世俗的环境中却显得日益不合时宜 [238]。萨尔茨堡（Salzburg）大主教在 1731 年驱逐了数以千计的新教徒，结果导致自身财政破产、经济衰退、声誉扫地，这证明旧式的教派政策已不起作用 [223]。渐渐地，教会好像不再是实现权力稳固所依赖的支柱，更大程度上成为推行必要的社会经济改革的障碍。1781 年哈布斯堡君主国在其自己的臣民中实行宗教宽容政策。普鲁士在 1794 年制定了同样的政策，事实上自 1740 年以来它就已经允许信仰自由了。1802 年以后实施的领地重组摧毁了帝国教会，为在帝国全境进行更全面的改革扫清了道路，只不过在德国，充分的信仰自由要到 1919 年才获得保障。

第四节　帝国复兴与帝国政治的国际化

威斯特伐利亚会议在国际和平的机制内解决了帝国的宪政纠纷。法国与瑞典成为这些协议的担保人似乎说明了帝国政治是如何轻易受到外国操纵的。事实上，两国均未从这一身份中获得重大权利。瑞典作为帝国阶层得到了大量新的领土，从而获得了更广泛的正式权利。由于无法依靠其有限的资源来保卫其所建立的波罗的海帝国，瑞典日益倚赖帝国宪政机构来保护其新获得的德意志领土。相比之下，法国则拒绝承认其新获得的阿尔萨斯是帝国的一部分，倾向于依靠外交和军事实力来影响帝国政治。法国与其昔日盟友瑞典之间均势的变化说明有更深层的趋势在影响帝国。欧洲政治仍然是等级制，但显然法国已经取代哈布斯堡君主国成为欧洲大陆最强大的君主国。此前由地方强权支配的地区，例如瑞典所在的波罗的海，正在被整合进一个共同的欧洲体系，后者的标志就是更标准的外交礼仪的传播。因此，这一深层的发展趋势就是，从一个强国独霸的格局转变为由几个主要大国和更多的小国所组成的更加扁平的等级体系。

由于意识到帝国政治形势发展的多变性，学者们对 1648 年之后的皇帝地位问题兴趣日浓。战争期间哈布斯堡王朝的许多目标都未实现，《威斯特伐利亚和约》又抬高了领地诸侯在宪政结构中的地位，这一切过去都被视为皇权普遍衰落的证据，也是皇帝明显只关心王朝利益的原因。然而，早在 1932 年，埃里克·法伊内（Erich Feine）就注意到了针对皇帝影响力下降而出现了他所称的"皇帝反应"（*kaiserliche Reaktion*）[89]。迈克尔·休斯也注意到了这一现象 [32]，并像法伊内一样，将其运用于对约瑟夫一世（Joseph I，1705—1711年在位）和查理六世（Charles VI，1711—1740年在位）统治时期的研究。其他学者认为这一趋势的开始时间更早，强调利奥波德一世（Leopold I，1658—1705年在位）的长期统治对于重振帝国和哈布斯堡家族具有重要意义 [43, 129]。不过，关于振兴的高潮是发生在约瑟夫一世时期 [43, 119, 130] 还是查理六世时期 [32, 132, 160] 仍有一些争论。考虑到这一现象的性质，我曾在别处主张用"帝国复兴"（imperial recovery）这一概念能更恰当地描述这些变化 [39：305—319]。

普雷斯指出了帝国复兴过程中采取的一系列措施 [129]，并证明了哈布斯堡家族与帝国的联系对于奥地利崛起为一个大国具有持续重要作用。这表现为在帝国意大利地区皇帝封建权利的加强 [44, 245]、哈布斯堡王朝外交代表制度的发展 [128]、维也纳宫廷发展成为一个范围广泛的庇护网络的中心 [252]，以及帝国法院和要求每个领地都要向共同的帝国军队贡献一支小分队的帝国集体安全制度的恢复。也许帝国复兴最重要的表现是皇帝国际地位的转变，这一地位越来越以皇帝自身世袭领地的权力为基础。1635 年之后帝国机构对哈布斯堡领地的干预基本已被排除，皇帝可以自由地在领地内实行更为绝对主义的统治，当然，并未完全取得成功 [248，253，256]。在 1683 年击退奥斯曼帝国对维也纳的进攻，1699 年收复被奥斯曼帝国占领的匈牙利，于 1701—1714 年西班牙王位继承战争（War of the Spanish Succession）中收复西班牙昔日的意大利和尼德兰属地，以及 1716—1718 年间进一步征服巴尔干半岛之后，奥地利作为皇帝的资源基地大为扩展。尽管在 1733—1739 年间不太成功的战争中失掉部分领土，但上述所得足以为奥地利独立的大国身份奠定基础。

　　拥有皇帝头衔对于哈布斯堡王朝的声望与身份而言仍相当重要，也有助于他们利用帝国仍然丰富的资源。斐迪南三世决定允许帝国阶层参与威斯特伐利亚和会，这意味着帝国复兴的新方向。作为回报，他们支持皇帝提出的把尴尬的宪政问题留待和会结束以后再行处理的要求，从而阻止了法国和瑞典在和会上对皇帝特权施加更多的限制。通过解散并撤走外国军队以及恢复帝国法院的运行，皇帝获得了更多的赞誉 [152，171]。在 1653 年为讨论宪政的"未竟事项"而召开的帝国议会开幕式上举行的气派的表演表明帝国复兴已经开始 [149，186]。

　　这次会议揭示出帝国阶层表面上的地位与实际权力

之间不断扩大的差距。长期战争的经历更加使人认识到权力是如何与统治者的资源及其规划利用资源的能力相关的。美因茨与科隆尽管仍然保留着作为教会选帝侯在形式上的优越地位，现在却要为维持影响力而努力挣扎着，因为更大的世俗公国拥有更多的收益，能够招募更多的士兵。这一新的矛盾至少降低了教派的重要性，因为新教徒和天主教徒都被分解到强弱不一的领地。

新的格局推动了诸侯联邦主义的转变。旧日的普法尔茨改革方案赋予小伯爵领地和小公国更大的影响力，而这样会摧毁宪政等级结构。在1653—1654年召开的帝国议会上勃兰登堡和其他人的游说表明，改革的压力现在朝向另一个方向移动。身份与教派特征都将被由军事实力决定的特征取代，这使得防卫改革在1648年以后成为最紧迫的宪政问题。三十年战争并未推动常备军的成立，因为几乎所有的诸侯都在战后的经济恢复过程中解散了武装力量。战争在帝国以外仍在肆虐，而到17世纪60年代初期，法国已显然对莱茵兰的安全构成了严重威胁。1654年帝国议会决议的第180条批准了勃兰登堡的要求，取消了领地阶层与臣民对所有军税的反对权利。后来的皇帝们仍然保有影响力，因为不断有人试图将这一规定扩大为可决定应纳税额的单边权利，但均遭到皇帝否决。

不过，从 17 世纪 50 年代晚期开始，有几位诸侯以国际局势不明朗为由成立了自己的常备军，使自己成为"武装阶层"（*Armierten Stände*），从而与大多数仍依赖民兵和少量侍卫的领地区分开来。维持常备军代价昂贵，因此武装阶层主张无武装的邻居们应为此交费。1658 年以后继承了斐迪南三世皇位的利奥波德一世在 1672—1679 年进行的法荷战争（Dutch War）时期就不得不接受了这一要求，因为这是保卫帝国对抗法国侵略的唯一方式 [195]。这一新协定产生了将代表权与军事实力相联系的危险，使无武装的领地沦为征税与征兵地区。利奥波德一世放弃了军事效率，支持小领地在 1681—1682 年提出的防卫改革办法。大公国获准保留自己的军队，但所有的帝国阶层都被允许利用传统的登记制度参与帝国防卫（见本书第三章第五节）。等级制秩序还得到了 1663 年重新开会以后就再未休会的帝国议会的进一步支持。与斐迪南三世一样，利奥波德一世发现只要他尊重既有的宪政秩序，他的目标就能获得大量支持。

尽管后世史家为威斯特伐利亚和会的未竟事项无果而终惋惜，但事实上帝国宪政体制在 1682 年已实现了稳定，并一直延续至 18 世纪中期 [43]。随着皇帝成为弱小领地的保护者，皇帝的威望和影响力得到恢复。这

又促进了皇帝与帝国议会等正式机构的合作，因为帝国
阶层的大部分都是弱小领地。不过，与法国和奥斯曼土
耳其之间接连爆发的新的大战迫使皇帝不得不向强大的
武装阶层寻求额外的帮助。他利用其授予特许权的皇帝
特权来争取支持。最突出的例子是，汉诺威（Hanover）
的卡伦贝格公爵（duke of Calenberg）在 1692 年被册
封为新的选帝侯，以作为他提供了远超宪政要求的军事
援助的回报 [99]。由于其他诸侯对这一特别恩惠表示反
对，汉诺威选帝侯的头衔延至 1708 年才被正式承认，
这表明在逐渐僵化的宪政秩序里，帝国复兴已经达到了
极限程度。

　　对于一些诸侯而言，选帝侯的头衔再也不能让人满
足了。海因茨·杜赫哈特（Heinz Duchhardt）研究了
诸侯野心的"君主化"（monarchization）现象，因为德
意志的统治者们以谋取国王头衔的方式来应对向主权国
家转变的国际趋势 [87]。由于只拥有较次要的"领地主
权"，所以德意志诸侯们只是帝国的贵族还是与其他称
王的君主地位平等，这并不明确。地位带来影响力，例
如，只有君主和独立的共和国才获准参加终结了西班牙
王位继承战争的乌得勒支（Utrecht）和会。皇帝加入国
际反法同盟使得拥有武装力量的诸侯们可以用军事支援
换取外国势力对其野心的支持。萨克森选帝侯皈依天主

教帮助其在 1697 年被选为波兰国王，在波兰与萨克森之间建立了联系，直至 1763 年。新的汉诺威选帝侯在 1714 年继承了大不列颠王国的王位。一些较小的统治家族则与瑞典、丹麦和俄国建立了联系。勃兰登堡则采取了独一无二的办法，劝说利奥波德一世设置了一个全新的普鲁士国王头衔以报答其在西班牙王位继承战争中的支持。

第五节　普奥之争与帝国崩溃

普鲁士后来崛起为与奥地利并肩的第二个德意志大国，此现象吸引了相当多的注意力 [92]。普鲁士中心论的研究淡化了霍亨索伦家族资源的重要性，称之为"帝国的沙箱"，这使得其后来的成就显得更为突出。1500 年左右的勃兰登堡选帝侯确实是最弱小的世俗选帝侯，但其地位随着 1618 年与位于帝国以外的（东）普鲁士公国的合并而不断提高，从 1660 年开始完全独立自主，并为 1700 年获得国王头衔奠定了基础。与此同时，霍亨索伦家族还获得了在 1648 年实现世俗化的大部分领地，相当于增加了大约 3 万平方千米的领土，接近瑞典所得的 2 倍。加上东普鲁士在内，霍亨索伦家族共获得了 10.8 万平方千米的土地，相当于第二大选帝侯领地巴伐利亚面积的 2.5 倍。与 1700 年的国王头衔一样，这些土地都是哈布斯堡王朝赠予的礼物，后者希望勃兰登堡能够成为抵抗瑞典进一步干预帝国事务的缓冲地带 [39：319－332]。

到 1705 年时皇帝就已对这一原以为明智的政策感到懊悔不已，但直到 1740 年 12 月，随着弗里德里希二世（Frederick II）突袭哈布斯堡王朝的西里西亚从而引发了直到 1748 年才结束的奥地利王位继承战争（War of the Austrian Succession），这一政策的后果才明确显露出来。普鲁士获胜，获得了 3.74 万平方千米的土地和 150万新臣民。不过，1740 年在其他方面是一个转折点。查理六世在 1740 年 10 月去世后并未留下子嗣，这使得哈布斯堡家族在随后的皇帝选举中没有一个令人信服的候选人。1742 年，巴伐利亚选帝侯在姗姗来迟的选举中脱颖而出，成为皇帝查理七世（Charles VII），这是哈布斯堡家族成员担任皇帝进行统治的 300 多年历史第一次被打断。巴伐利亚的领地只有 4.15 万平方千米，面积过小，无法支撑皇帝统治，并且它还要依赖法国与普鲁士的军事支持。大多数帝国阶层拒绝支持查理七世与奥地利发生冲突，认为这只是皇帝的私人问题。试图通过授予特许权来赢取支持的做法，例如允许进一步世俗化改造，严重损害了皇帝的威望 [122]。

尽管失去了西里西亚，哈布斯堡家族依然控制着

57.35 万平方千米的土地，其中有 36 万平方千米位于帝国边界以外。他们成功抵御了巴伐利亚、普鲁士、法国和西班牙军事同盟的进攻，这表明，即便没有皇帝头衔，他们依然具备强权地位。虽然他们在查理七世于 1745 年早逝后收复了帝位，但这只是通过洛林公爵同时也是查理六世之女玛丽娅·特蕾莎（Maria Theresa）之夫弗朗茨·斯蒂芬（Francis Stephen）的当选这一间接的方式而实现的。谁在这一哈布斯堡王朝婚姻中掌权当家很清楚。玛丽娅·特蕾莎担任王朝广袤领土的统治者，把帝国留给其丈夫掌管，并在弗朗茨于 1765 年去世后又交给了长子约瑟夫二世（Joseph II）。哈布斯堡王朝的统治与帝国的统治直到她在 1780 年去世后才合而为一，帝国政治中帝国与奥地利君主国的区分进一步加强 [88, 106]。

重要的是，普鲁士不仅取得了对奥地利的胜利，而且也战胜了其竞争对手巴伐利亚和萨克森。巴伐利亚短暂获得的皇帝头衔耗尽了其财力，而萨克森未能征服西里西亚也使其无法与波兰建立直接联系。萨克森选帝侯从未有效统治过波兰，最终在 1764 年随着波兰人选出一位新国王而失去了王位。帝国政治的发展趋势日益由普鲁士与奥地利之间的竞争所决定。玛丽娅·特蕾莎渴望收复西里西亚，警觉起来的弗里德里希二世先发制人，他在 1756 年 8 月主动进攻萨克森，挑起了七年战争（Seven Years War）。两个大国寻求的援助导致 1757 年欧洲出现了"同盟倒转"，摧毁了自 1477 年以来以法国与奥地利对抗为基础的欧洲国际关系模式。法国支持奥地利，共同对抗英国与普鲁士结成的同盟，这实际上使欧洲自北往南发生了分裂，也迫使帝国阶层选边站队 [85，266]。

不过，帝国机构仍在有效运转。虽然南德意志和西德意志的领地不得不支持奥地利为惩罚弗里德里希二世破坏公共和平而发起的战争，但帝国议会拒绝对他发布剥夺法律保护令，这使玛丽娅·特蕾莎没有权利没收其领地。尽管在 1757 年的罗斯巴赫（Rossbach）战役中战败，帝国军队的表现仍相当出色 [195]，而且与奥地利或普鲁士不同，帝国实现了其战争目标。1763 年 2月，以战前现状为基础，和平得到恢复。尽管这使得普鲁士拥有了西里西亚，但萨克森得到解放，弗里德里希二世与玛丽娅·特蕾莎都不得不放弃其计划好的吞并行动。尤其是，普鲁士发起的对更多的教会领地进行世俗化改造的提议，即便是其德意志盟友也不支持。

不过，战争也削弱了帝国。如同 18 世纪 40 年代的奥地利一样，普鲁士能在敌军同盟的进攻下幸存下来就足以树立其大国地位。1772 年普鲁士参与第一次瓜分波兰，联合奥地利与俄国掠夺波兰领土，这一地位也因而更加巩固。1793 年和 1795 年又进行了两次瓜分行动，使波兰从地图上被抹去，普鲁士也变成了一个欧洲国家：到 1795 年，普鲁士与奥地利一样，在帝国以外获得的领土超过了其在帝国范围内的领土。这两大德意志强国总共控制了超过 100 万平方千米的土地以及 3200 万人口，而帝国其他地区的面积只有 34 万平方千米，人口仅 1400 万。巴伐利亚、萨克森和其他曾经颇有影响的公国正在滑落至其他小领地所属的被称为"第三德意志"（third Germany）的地位。权力的失衡引发了对于帝国将会面临一种被普奥联合瓜分的"波兰式前景"的忧虑。事实上，普鲁士并无此意图，因为它在德意志新增的任何领土不可避免地会导致奥地利的相应扩张，因此并不会改变哈布斯堡家族拥有 2 倍于它的土地和 3 倍于它的人口这一事实。弗里德里希二世远不像普鲁士中心论者所宣称的那样想要消灭阻碍德意志统一的帝国，而是积极干预以维护帝国，也因此阻止了哈布斯堡家族进一步扩张其权力。1778—1779 年，他发起了第三次对奥地利的战争，以阻止约瑟夫二世劝说普法尔茨选帝侯用继承的巴伐利亚领地换取无法防守的奥地利所属尼德兰 [81]。

现在可以很清楚地看到，帝国的内部均衡非常危险地依赖奥地利与普鲁士的对抗，以及法国与俄国限制任何一方权力扩张的关切。这一形势再加上领地邦国不断增加的债务和人口增多所引发的社会压力等问题，使得围绕帝国改革的讨论更加激烈。帝国机构对许多小领地进行干预，通过控制其财政等方式解决其问题。然而，一些具有改革精神的官员却对这种通过恢复臣民的权利而非实施更重要的改革以解决深层次问题来缓解矛盾的干预感到失望 [182；226；158−159]。1785 年成立诸侯同盟（*Fürstenbund*）的目的就是要恢复帝国宪政以使其成为抵御奥地利和普鲁士的屏障，但事实证明该同盟无法防止自己被弗里德里希二世绑架以阻止约瑟夫二世提出的用尼德兰交换巴伐利亚的进一步计划 [42，285]。

虽然挫折不断，但大多数的观察家仍感到乐观，而且，随着帝国有效地对 1789 年以后法国大革命造成的压力做出应对，对宪政秩序的支持也在增加。尽管也发生了骚乱，还出现了少数"德意志雅各宾派"，但革命并未使帝国陷入动荡，这使多数人相信帝国政府天生就比法国政府更优越，因此不需要进行如此激进的变革 [39；332−338；69；77；291]。法国在 1792 年 4 月入侵了奥地利所属尼德兰，这促使普鲁士与奥地利联合起来发动反击，但由于组织不力，在当年晚些时候遭遇了意料之外的失败。随后双方强迫帝国议会于 1793 年对法宣战，因为此举可以让其合法利用急需的德意志资源，当时两国都已深陷债务泥淖，装备之差也不足以开战。虽然帝国议

会和大区机构帮助两国协调了备战工作，但两国均拒绝
同意任何有损其影响力的改革方案，改革的希望破灭了
[83，145]。当普鲁士因为日益逼近的破产危机和在波兰的
困境而不得不与法国在 1795 年 4 月单独签署了《巴塞
尔和约》(Peace of Basel) 退出战争时，帝国的脆弱性
也随之暴露在外。和约规定美因河以北的所有领地都保
持中立，帝国从而分裂为普鲁士控制下的北方和奥地利
支配下的南方。1797 年，奥地利在意大利战败，被迫
签署《坎波福尔米奥和约》(Peace of Campo Formio)。
1799 年新爆发的战争也未能扭转这一结果，1801 年奥
地利又与法国在吕内维尔（Lunéville）签订了和约。

　　这两项条约迫使奥地利割让了莱茵河以西的所有领
地，总计 2.3 万平方千米的土地和 80 万人口，此外还
要放弃对意大利北方的帝国管辖权。普鲁士、巴伐利亚
和其他因此而丧失领土的公国将会得到莱茵河以东的教
会领地作为补偿。一支帝国代表团受帝国议会之命负责
落实细节，但普鲁士与其他强大的领地直接同法国和俄
国协商，主张以对自身有利的方式进行更全面的领地再
分配。奥地利对此无能为力，并且其部分领地在《帝国
代表团最终决议》(*Reichsdeputationshauptschluß*) 于
1803 年 2 月 25 日发布之前就已被吞并，而该决议本质
上也只是对法国与俄国同意的计划予以确认 [90]。帝国

教会被削弱至只剩下已迁至雷根斯堡的美因茨选帝侯的领地，7.3万平方千米的土地和236万人口被转移至世俗统治之下。除了割让给法国的4个帝国城市之外，其余41个莱茵河以东的帝国城市也被吞并，帝国城市的总数降至6个。总之，共有112个帝国阶层和350万人口被移交给72个世俗的帝国阶层进行统治，后者中的多数过去只是伯爵领地，现在上升至正式的诸侯领地地位 [249]。

许多人就此得出结论，认为"神圣罗马帝国现在几乎是处在灭亡的状态"[256：228]。然而，《帝国代表团最终决议》带来的不仅仅是一块掩盖合法性的遮羞布。领地重组的受益者不得不承担起被吞并地区的债务，以及对当地文武官员的责任。因世俗化改革而失去圣俸（benefice）的教士获得了年金。众多伯爵被擢升为诸侯，这使得人们希望大增，相信帝国正式机构终有重振声威之日，帝国宪政体制也会进行修改以遏制奥地利与普鲁士。

无论奥地利和普鲁士态度如何，改革并没有成功的可能，因为拿破仑加快了事态的发展步伐 [74]。1804年5月18日，拿破仑宣布自己是"法兰西皇帝"，此举导致人们担忧选帝侯们也许会选择他担任皇帝弗朗茨二世（Francis II）的继承人。为防止可能会发生的威望受损，弗朗茨二世在同年 8 月 11 日，即在拿破仑 12 月的加冕仪式之前，自立为奥地利皇帝，由子孙世袭罔替。这一新头衔是为了确保奥地利与法国地位平等，而弗朗茨二世仍认为其特别的神圣罗马帝国皇帝头衔地位更高 [117]。当法国发动了另一场针对奥地利的战争，并迫使奥地利军队的主力在 1805 年 10 月 12 日的乌尔姆战役中投降时，帝国真正的末日也随之而来。11 月 13 日，拿破仑的军队进入维也纳，自从匈牙利军队在 1485—1490 年间占领维也纳以来，这还是外国侵略军第一次占领哈布斯堡帝国的首都。这一心理上的打击发生之后，奥地利军队残部与俄国的同盟军在 12 月 2 日的奥斯特利茨（Austerlitz）战役中又遭遇了惨败，迫使弗朗茨二世在 24 天之后签署了《普雷斯堡和约》[Peace of Pressburg，普雷斯堡即今天的布拉迪斯拉夫（Bratislava）]。拿破仑的施压并未减轻。由于奥地利已无力提供保护，4 位选帝侯和 12 位诸侯与弗朗茨二世一道在 1806 年 7 月 12 日成立了独立的莱茵邦联。面对拿破仑随后发布的最后通牒，弗朗茨二世在 8 月 6 日不仅宣布退位，而且还解除了所有帝国阶层对他以及帝国的义务。帝国已然逝去，但在考虑帝国的长期影响之前，我们必须更细致地考察一下帝国的主要组成部分。

第三章

关键制度与发展趋势

第一节 皇 帝

皇帝头衔的选举性质是帝国一项具有决定性意义的关键特征。1486—1792年间，共进行了17次"罗马人之王"选举，其中有8次是在有皇帝统治时期进行的（参见本书附录）。《金玺诏书》并未规定这一程序，但也未禁止；选帝侯与皇帝都意识到这一程序的便利之处，即它避免了皇位空缺或继位纷争带来的危险。这些问题在13世纪时就困扰着皇帝选举，减缓了帝国政治中央集权的进程，并对皇帝的影响力造成了持久伤害。具有重要意义的是，1495年之后出现的时间最长的两次皇位空缺（1657—1658、1740—1742），与外国势力对帝国政治的破坏性干预和严重的国内危机密切相关 [122]。

近来研究强调，选帝侯们意识到了这些危险，尽管他们有时仍会拒绝在位的皇帝关于选举其子为皇位继承人的要求（如1630年），但他们仍愿与皇帝合作，条件是皇帝向他们保证未来不会加强君主制原则 [144]。意味深长的是，他们在《威斯特伐利亚和约》的协商过程中，拒绝了法国提出的完全禁止在皇帝在位时选举继承人，以及不得从同一王朝连续选出两任皇帝的要求。

皇位空缺的危险推动了更多在这一情形出现时可维护公共秩序的宪政保障制度的发展。中世纪帝国发展出了帝国代理人（*Reichsvikar*）制度，按照规定，在皇位空缺时期直至选出新皇帝之前，或皇帝离开国内时，均由帝国代理人进行统治。近代早期并未出现后一种情形，只是诸侯们仍以此为据在 1521 年强迫查理五世同意设立帝国咨政院 [118, 133]。不过，在皇位空缺时期，帝国代理人则持续在发挥作用，其权力基础就是 1356 年为所有皇帝的选举确立了基本程序的《金玺诏书》的规定。按照规定，选举前由两位代理人行使皇帝特权：萨克森选帝侯在北德意志，普法尔茨选帝侯在南德意志。新的巴伐利亚选帝侯的设立，导致围绕其职能出现了纷争，直到 1658 年普法尔茨和巴伐利亚这两位维特尔斯巴赫家族的选帝侯同意轮流享受这一荣誉才告结束。1582年萨伏依公爵被确认为第三位帝国代理人，在意大利的帝国管辖区行使职权 [123]。

对皇位空缺危险的担忧表明，对帝国整体而言皇帝一职具有持续不断的重要意义。尽管反对加强君主制原则，但大多数选帝侯和领地诸侯仍希望有一位积极作为的皇帝能够广泛促进公共利益。近来研究也发现，在鲁道夫二世和马蒂亚斯等人格较为软弱和多变的皇帝统治时期，以及在弗里德里希三世、马克西米连一世和查理五世等被认为过度关注自家王朝利益的皇帝统治期间，都有这一期望 [144]。

这一期望解释了选帝侯为何要求每位新皇帝都签署一份《选举让步协议》，使其遵守帝国的习惯与法律。自 13 世纪以来，在教会领地上，主教座堂教士团在选举新的诸侯主教时就已使用这一协议，但直到 1519 年才首次使用于皇帝选举中，当时面临特殊形势的查理五世被迫做出更多让步 [126]。自 1516 年担任西班牙国王以后，查理五世就已是帝国之外一个强大君主国公认的统治者，因此他代表一种新型皇位候选人。选帝侯还坚决要求皇帝另外保证当选后不滥用权力，尤其不能让帝国卷入其自家王朝与法国的利益纠纷中。近来许多研究都强调诸侯对帝国和平与中立的关心 [53, 134]，与之形成对比的是，早期的普鲁士中心论的解释只是简单地认为，在"德意志"民族遭遇危机之时，《选举让步协议》会造成削弱皇帝权力的危险。

后来所有的皇帝和"罗马人之王"都签署了类似的协议，这表明中央与领地之间的权力均衡在转变。《金玺诏书》明文规定，选帝侯拥有与皇帝候选人进行谈判的独享权利，选帝侯们小心谨慎地捍卫着以这一权利为基础的特权。他们尽管从 1653 年起也不得不考虑其他诸侯的利益，但拒绝将未来协议的起草权转交给帝国议会。地位较低的新教诸侯们主张制订一份永久性协议（*capitulatio perpetua*），将皇帝与选帝侯的权力彻底

固定下来，以此约束双方的影响力。这一主张被列入了
1648 年帝国议会的日程，并于 1711 年形成了一份永久
性协议草案 [15]，但从未获得批准，故也从未生效。今
天的研究认为，这表明 18 世纪时的帝国远未僵化，其宪
政制度是开放式的，拥有进一步调整的空间。

对皇帝政治权力的重要性，当今学者们也正在形成
更全面的理解。皇帝政治权力可分两类：第一类是皇帝
专有权（*jura caesarae reservata*），是只有皇帝才可行
使的特权。这类特权基本上来源于皇帝作为最高封建
主的身份，包括重新分配无人继承的较小帝国采邑的权
利、擢升贵族与其他显贵的权利。在 18 世纪之前，几乎
没有诸侯拥有册封贵族的权力，这使这一重要的庇护领
域事实上被皇帝独家垄断。不过，皇帝将贵族擢升至帝
国阶层地位的能力在 1654 年之后要得到帝国议会的批
准 [146]。此外，皇帝还可影响帝国机构：对帝国教会，可
以否决未达到必要多数票的选举结果 [227]；对帝国法院，
可以任命几名法官；对帝国议会，可以决定议事日程的
顺序。

第二类是两组共享的权力：一组是"人民大会的权
力"（*jura comitialia*），此权力只能与帝国议会共同行
使，包括主权固有的立法、司法、财政、军事、外交等权
力。从双方相互签订的协议和重要的宪政文件如《威斯

特伐利亚和约》来看，皇帝与帝国议会之间的确切关系 *63*
因时而异。具有重要意义的是，《威斯特伐利亚和约》规
定，完整的主权只归皇帝一人享有，尽管诸侯可以扩大
其较为有限的领地主权，但在影响范围更广的帝国事务
中皇帝持续保留着主动权。一个典型的例证是，利奥波
德一世在 17 世纪后期成功地剥夺了帝国议会对于战争
与和平的关键决策权 [198]。另一组古老的特权名为"有
限的皇帝专有权"（*jura caesarae reservata limitata*），
分享范围更窄，仅由皇帝与选帝侯共享。只有取得选帝
侯的同意，皇帝方可支配较大的帝国采邑，召集帝国议
会，实施剥夺违法者公民权的帝国禁令，即剥夺法律保
护令（*Reichsacht*）。从 1711 年起，剥夺法律保护令的
实施需要得到帝国议会的正式批准 [170]，而从 1663 年
开始，帝国议会的固定化，相应地也削弱了选帝侯的重
要性。

对皇帝正式权力的集中关注歪曲了历史判断，使其
偏向皇帝权力逐渐下降这一传统解释。皇帝的特权确实
逐渐受到约束，但必须记住的是，皇帝的特权从一开始
就不是绝对的，也不能反映任何一位皇帝真正享有的权
力。在一定程度上，皇帝的权力始终基于由庇护制和其
世袭领地资源所带来的非正式影响力。不仅如此，由于
其权力从未被完整地列举过，所以理论上来说是无限制

的，这使他可以获得新权利以应付不断变化的形势。例如，印刷革命和出版业的发展促使马克西米连一世在1501年扩大其发布特许经营权的特权，声称他拥有给作者发放许可证和发布版权保护令的专属权利。查理五世将这一特权进一步扩大，1521年以后在帝国全境建立了书刊审查机制。皇帝的地位并未下降，我们最好认为它是随着皇帝头衔象征意义的变化而同步发展的（见本书第四章第三节）。

第二节　帝国议会

20世纪60年代兴起了一场有关德国历史上代议制形式的大讨论，帝国议会被视为现代"议会"（parliament）的前身，因此学术界对帝国议会重新产生了兴趣。今天有部分历史学家又表达了这种积极的评价，认为在领地、大区和帝国层面上所有形式的代议制都是符合原初民主原则的"早期议会制度"[46, 143, 211]。彼得·莫拉夫[148]认为，帝国议会起源于皇帝宫廷和皇位空缺时期的选帝侯会议。15世纪晚期，人们就用"帝国议会"（Reichstag）一词描述这些会议，它们已成为公认的开展全国性讨论的场合，"全国性"是指整个帝国范围内。这些起源使人们有理由同意莫拉夫反对使用"议会"（parliament）

一词的意见。帝国议会并非一个自由/民主的机构，而是一个由享有特权的诸侯及后来的伯爵、高级教士和城市代表组成的会议。莫拉夫也反对使用"阶层议会"（*Ständeparlament*）这一折中术语，认为它并不准确，带有误导性，因为帝国议会设立的动力来自上层，与独立的领地等级议会毫无关联，也无后者代表参加讨论。

定型后的帝国议会由三大议院（*curia*）组成。最古老的是选帝侯议院（*Kurfürstenrat*），于1273年成立，并由《金玺诏书》加以确认，拥有选举皇帝和商定《选举让步协议》的独享特权。最初的7个成员包括美因茨大主教、科隆大主教、特里尔大主教，三者还同时分别担任帝国所属的德意志、意大利、勃艮第的大首相。世俗成员最初有4个：波希米亚选帝侯、勃兰登堡选帝侯、萨克森选帝侯和普法尔茨选帝侯。1623年发生了变化，普法尔茨的投票权被转移给了巴伐利亚。1648年，普法尔茨获得了一个新的选帝侯头衔，1692年汉诺威获得了另一个。1648年波希米亚的投票权被暂时剥夺，直到1708年汉诺威的投票权得到其他选帝侯正式承认才予以恢复。1777年随着普法尔茨与巴伐利亚的合并，两大选帝侯的投票权也合而为一。在1803年帝国的重组中，科隆大主教和特里尔大主教的投票权被取消，美因茨大主教的权力则转移至新设立的帝国首席大主教（prince-primate），萨尔茨堡、符腾堡、黑森－卡塞尔（Hessen-Kassel）和巴登四个领地的诸侯也获得了选帝侯身份 [99, 144]。

选帝侯总是自视比所有帝国阶层地位更高，因为他们与皇帝关系特殊，其荣誉头衔充分说明了这一点，如"大司酒官"（arch cup-bearer，波希米亚选帝侯），或者"大掌旗官"（arch standard-bearer，汉诺威选帝侯）。他们一起组成了"帝国支柱"，共同承担起对帝国集体利益的责任，即便在皇位空缺时期也是如此。1648 年以后欧洲国际关系的更广泛变化促使选帝侯采取一种更国际化的视角。世俗选帝侯尤其坚持要采用"陛下"头衔，以便维持与欧洲其他统治者对等的地位，并且这一头衔也会使其获得册封贵族的权利，从而拓展其庇护关系。

诸侯议院（*Fürstenrat*）的兴起不晚于 1480 年，最初由诸侯和帝国伯爵召集成立，为的是抵抗权力日益加强的皇帝和选帝侯侵犯自己的权利。投票权反映了政治权力的领地化，因为代表权与特定的领地相绑定。因此，随着土地的继承与买卖，投票权也就可以从一个王朝转至另一个王朝。这使更为强大的家族的投票权日益增多，其中也包括选帝侯，他们经常能够获得具有诸侯地位的土地，从而在两大议院中都拥有发言权。相比于诸侯获得的正式的"个人投票权"（*Virilstimmen*），伯爵与高级教士只能分享"集体投票权"（*Kurialstimmen*）。

由于诸侯长期反对，直到 1654 年集体投票权才最终确立下来，结果是高级教士获得 2 张集体选票，伯爵 4 张。鉴于投票权的性质，投票人的身份和选票数量不断变动。伯爵和高级教士随着地位的提升成为正式的诸侯，选票数量总体上呈上升趋势；而由于强大诸侯获取的领地日益增多，以及大量较小的教会领地被世俗化，投票人的总数呈下降趋势。到 18 世纪中期，个人选票数量从 76 张（43 张世俗诸侯选票和 33 张教会诸侯选票）增至 100 张（分别为 65 张和 35 张），但是这些选票掌握在约 60 名诸侯手中。1803 年时投票权的积累发生了重大变化，帝国内部领地重组导致 10 名选帝侯掌握了 131 张诸侯个人选票中的 78 张，这一因素极大地加强了当时正在发生的帝国向联邦制发展的趋势。诸侯数量上升之时，中小领地统治者的数量却在减少，从 16 世纪早期的 14 位女修道院院长、65 位高级教士和 140 位伯爵及领主，降至 1792 年的 41 位高级教士和 99 位伯爵。这反映出在领地化进程中中小领主几乎无力抵抗。尽管已被边缘化，但剩余的高级教士和伯爵获得的 6 张集体选票对于其政治命运的延续依然是一个重要因素，因为他们作为帝国阶层的地位由此得到巩固，从而可以获得帝国宪政制度的保护 [138, 140, 155]。

　　与伯爵和高级教士一样，帝国城市也受到领地化力量的威胁，因此，帝国议会的代表权也被视为维护其独立地位的手段。第一次城市会议（Städtetag）于 1471 年召开，1495—1545 年间会议尤为频繁，经常与帝国议会撞期。尽管 1582 年城市获准参加帝国议会，但在 1648 年它们被批准组成帝国议会的第三个议院时，并未获得平等的代表权。为了防止出现在诸侯与选帝侯投票票数相等时城市获得决定票这一可能性，帝国议会规定任何决议都要先由诸侯与选帝侯商定，只在确定后听取城市意见。1521 年有 87 个城市参加帝国议会行使其权利，18 世纪已降至 51 个，1803 年领地重组后只剩 6 个 [150, 155]。城市数量减少的原因多种多样，众说纷纭，但至少包括两点，即许多帝国城市经济衰落，且无力承担帝国集体防御的职责 [34, 195]。

1495—1654 年间帝国议会共召集过 40 次至 45 次会议，具体数目取决于历史学家如何定义何为正式的帝国议会。会议持续时间从 5 周到 10 个月不等，会议地点从 16 世纪中期开始几乎固定在雷根斯堡或奥格斯堡。1663 年在雷根斯堡召开的会议成为常设会议，尽管要求结束会议的呼声不断（分别于 1668 年、1670 年、1687 年、1740 年等年份提出），但常设制符合皇帝与大多数诸侯的利益。近来有研究强调 1684 年之前这一"永久议会"（Immerwährender Reichstag）的渐进发展特征 [33,

153]。到 1684 年时，它已体现出在协调防务和经济政策、维护帝国内部和平方面的价值。

会议讨论遵循 1495—1519 年间确立的模式，这进一步加强了改革时代的长期影响力 [137]。只有皇帝有权召集帝国议会，但自 1519 年起他需要先与选帝侯就召集事宜进行商议。美因茨选帝侯主持会议讨论并制订日程，而皇帝可以决定讨论顺序并拥有对任何决议的否决权。投票可以分议院进行，而在 1648 年之后，也可以按照所属教派将所有代表分为两个宗教集团分别进行 [154, 233]。

一部让人满意的纵贯这一时期的帝国议会通史仍有待创作。关于其发展过程中的重要阶段已有很好的研究 [145, 147, 153]，关于历次会议的研究也堪称典范 [136, 137, 139, 149]，但仍存有巨大空白。近来有关帝国议会的研究扩大了关注范围，把作为帝国议会"替代方案"的其他代议制形式也纳入考察对象，从而提高了撰写一部帝国议会通史的难度 [151, 156]。这些替代方案中的第一个是单独举行的选帝侯议院会议 (Kurfürstentage)，其自行召集会议权在《金玺诏书》中有明文规定。帝国议会休会时，选帝侯议院会议继续单独召开，不受帝国议会影响，这种独立权因 1558 年斐迪南一世的确认而进一步加强。16 世纪 50 年代到 17 世纪 40 年代，帝国议会开会次数在减少，而这些选帝侯的最高级会议仍在发展，这一情形提高了国家政治被皇帝和选帝侯独自控制的可能性。选帝侯的这种集体行为有其效果，例如 1630 年，他们迫使斐迪南二世解除了军队总司令阿尔布雷希特·冯·华伦斯坦（Albrecht von Wallenstein, 1583—1634）的职务，正因如此，皇帝和普通诸侯极为忌惮这一会议。尽管选帝侯自行召集会议权在 1652 年再度得到皇帝确认，但帝国议会的复兴尤其是其常设化，很快就取代了这一代议制形式，从而加强了传统的身份等级制 [144]。

第二个替代方案是帝国大区会议（*Reichskreistage*），即十大区全体大会，它兴起于 16 世纪前期，展现出了大区结构的活力。不过，这些会议所论之事与帝国议会重复，并因主导帝国议会的大诸侯和选帝侯在大多数的大区议会中缺乏相同的影响力，而常遭到后者反对。随着时间推移，帝国大区会议所处理的事务被限定在为帝国议会所决定的政策制定细则方面。例如：1544—1577 年间，帝国大区会议举行了一系列会议，讨论修订有关领地财政-军事义务的规定，因此也被称为"帝国修正代表会议"（*Reichsmoderationstage*）；1549—1571 年间，帝国大区会议召开一系列会议，讨论货币管理问题，又称"帝国货币代表会议"（*Reichsmünztage*）。从 16 世纪中期开始，帝国大区会议逐渐被帝国议会下属的专门委员会即帝国代表团会议（*Reichsdeputationstage*）取代，这进一步加强了帝国议会作为全国性主要政治场所的至高地位。不过，单个大区的代表大会即大区议会仍在继续运转，这使其有可能成为帝国议会在地区的替代，或者至少也是一种补充 [151, 210, 211]。

　　帝国代表团会议的发展源于围绕帝国改革引发的争论。许多诸侯并不主张取消帝国议会，而是要求对它进行补充，以便在帝国咨政院失效后加强他们对中央决策的影响力，这成为帝国代表团会议发展的动力 [156]。1555 年的帝国执行条例为帝国议会出于维持公共秩序的目的而成立的专门的跨议院委员会指派了成员。1570 年，帝国议会为该委员会增加了 4 名新成员，总数达到 20 名，保证每个大区都至少有 1 个领地获得席位，每类帝国阶层（选帝侯、教会诸侯和世俗诸侯、伯爵、城市）也至少有 1 名代表。16 世纪晚期，帝国代表团会议的职责进一步扩大，获得了监管货币、维护治安、监督帝国枢密法院等职能，从而接管了帝国大区会议的工作。然而，由于帝国代表团会议原本是帝国议会一下属委员会，所以，当主体机构在事实上停止运转时，它也走向了衰落，在 1600—1643 年间没有召开过会议。1653—1654 年间帝国代表团会议重新召开，并在 1655—1663 年间成为常设会议，这使其更有可能在

68

全国性政治中取代帝国议会。不过，帝国代表团会议仍被废弃，因为事实证明它并非当时的诸侯实现其实际目标的有效手段，而从1663年起帝国议会的常设化又使它的存在显得多余。此后，为了处理特别事务，尤其是1802—1803年间帝国的政治重组，帝国代表团会议仍时有召开。

尽管这些可供替代的机构相对来说都以失败告终，但近来的研究一致强调其存在性，并指出帝国宪政对新发展是开放的，尤其是在16世纪50年代到17世纪60年代。此外，传统的二元论观点也被动摇，因为有证据表明，诸侯不仅仅是利用各种形式的代议制从皇帝手中谋求更大的自治，而且还反过来在寻求能代表整个帝国在全国性事务中发挥作用。尽管1576年以后教派关系日益紧张，但帝国议会一直在发挥作用，这也说明大多数领地诸侯都认真对待其所肩负的广泛责任。有学者强调认为，奥斯曼土耳其帝国的严重威胁是促进这一共识政治精神形成的一个因素[190]。

69 帝国所有的代议制机构都遭到了时人的批评，认为它们形成决议的速度太过缓慢，这促使后世史家将1663年以后的帝国议会称为"漫无止境的议会"(interminable diet)。当然，势力强大的议会成员有可能阻止或者至少推迟议案通过，而普鲁士则在18世纪经常让讨论陷入停滞。不过，没有人可以推翻此前的立法或单方面否决议会决议，这与波兰色姆（Polish sejm，波兰下议院）或瑞士邦联议会（Swiss federal congress）的代表们权力不同。亲自出席的旧文化衰退之后，到 18 世纪时帝国阶层不再亲自到场，而是派遣受过训练的律师作为代表参会。代表们接到了详细说明投票方法的必要授权，但当形势变化迫使他们寻求新的指示时，投票就会被拖延。1663 年以后每年的会期都不超过 6 个月，而且这些代表也很少能够每周参加 2 天以上的会议。在 1692—1697 年、1747—1750 年和 1780—1785 年期间没有召开过任何会议，基本上这都是由于普鲁士的压力。1750 年以后，许多帝国阶层不再派代表参会，而是委托一个友好领地的代表代为投票，以此节约经费。结果，1764 年，35 个代表行使 161 张选票的投票权。1806 年 8 月弗朗茨二世宣布退位时，只有 23 个代表出席会议听取官方通告。

然而，不能就此认为帝国议会已变得无关紧要。议会讨论的开放式特征反映了对共识的关切，而难题都推后处理以留出时间达成妥协。有必要时也可以快速形成决议，但帝国的辅助性特征确保即便没有帝国议会的决议，也不会总是意味着帝国无所作为。例如，大区议会经常早在帝国议会正式对外宣战之前就已经批准了动员令。这使人注意到帝国议会的首要职能是充当立法而非行动决策的议事会。冗长的辩论也是围绕着合法性问题，因为重要的帝国阶层希望表达其意见，或为其诉求辩护。

将帝国议会视为原始形式的议会，这种积极评价近来又有所扩展，认为它是一个欧洲机构 [30]。考虑到帝国的版图远超现代德国的疆界这一事实，因此有许多非德意志地区也在帝国范围内并不令人惊讶，此外还有今天已成为一个独立国家的奥地利。其他国家通过其所拥有的德意志领地也间接在帝国获得了代表权，例如丹麦、瑞典和英国（由于 1714 年以后与汉诺威的关联）。法国尽管在 1648 年拒绝承认阿尔萨斯是一个帝国阶层，但仍在雷根斯堡设有常任使节，俄国在 18 世纪晚期也采取了同样的做法。不过，帝国阶层的国际地位还缺乏清晰的界定，帝国议会因而无法发挥国际作用。帝国没有外交部或外事部门。作为代替，在对外关系中，帝国是由哈布斯堡王朝的使节来代表，而从 1648 年开始，逐步由大公国派出的只考虑本国利益的外交官来代表。帝国议会也许会批评其行为，但它无法责问这些外交官。因此，帝国议会的国际功能仅限于充当"信息中心"，为外国人搜集信息并与个别帝国阶层展开协商提供一种便捷的方式 [142]。

第三节 帝国法院

重新关注帝国法院，是全面发展的修正主义史学的一个关键特征。所有这些研究在实际操作中都面临着现有档案材料带来的巨大困难。大约一半的帝国宫廷法院档案已被毁，而帝国枢密法院的档案在 1815 年被分散至 50 家档案馆收藏，而其中得以保存下来的又只有一小部分。档案获取问题妨碍了研究的进行，使得早期评价消极的观点依然盛行。得益于几项得到充分资助的项目，新的研究已不再是考察作为机构的法院 [168] 和个别的著名案例 [160, 169]，而是探究帝国解决内部冲突的机制如何影响其社会政治的发展 [159]。沃尔夫冈·塞勒特（Wolfgang Sellert）在这方面的研究走在了前列 [174]，他主要关注帝国宫廷法院。而以贝恩德·迪斯特尔坎普（Bernd Diestelkamp）为中心的一群学者则进行着一项有关帝国枢密法院的更大范围的研究项目 [163, 164, 173]，其中菲利波·拉涅里（Filippo Ranieri）对 16 世纪帝国枢密法院案例的研究影响尤为突出，他对大量案例进行细致的社会分析的方法，代表着社会－法律研究的一种模式 [104: 231-244; 172]。

帝国司法制度源于中世纪晚期维护公共和平的考虑。结果证明，皇帝为此目的而设立的制度效果欠佳，尤其是因为人们认为它们过于依赖皇帝，难以真正做到客观公正。近年来有学者强调这些纠纷对于塑造近代早期帝国的重要性，因为帝国改革运动把司法改革问题作为进行更大范围政治改革的平台[163]。弗里德里希三世仍坚持传统的中世纪观点，认为司法要以皇帝特权为基础，因此他反对这些改革要求；改革者则要求结束个人化的司法，建立一个由他们监督、对他们负责的独立法院。结果就是在1495年成立了帝国枢密法院，这与多元改革的其他方面一样，也是两种立场折中的产物。皇帝获准提名主持的法官，却要由全体帝国阶层每年缴费来承担其运行成本。马克西米连一世利用它成立之初的弱小，试图恢复皇帝对司法制度的控制，并于1498年在维也纳成立了与其相互竞争的帝国宫廷法院。

帝国两大法院都成立于有关司法程序的新思想出现之后。帝国枢密法院取得了相当程度的独立性。尽管由帝国阶层提名法官候选人，但最终人选由法院自己筛选，而且有充分的证据表明获得任命者认同的是法院，而非其原籍领地。将新法院设在远离皇帝的帝国城市也有助于提高其独立性。尽管帝国宫廷法院完全由皇帝资助，但通常它也是独立做出裁决，只有引人瞩目的案件才会遭遇政治干预。两大法院的成员基本上都是在大学法律院系接受过教育的贵族。尽管帝国枢密法院被多次指控有教派歧视，但实际上在 1555 年以后，它在审判涉及教会财产或权利的所谓"宗教案件"时，都要由同等数量的新教与天主教法官组成审判委员会。皇帝回绝了在帝国宫廷法院实行平等原则的呼声，但依然从 17 世纪开始任命了一些新教法官。天主教徒占多数的局面并不妨碍信奉新教的帝国阶层诉诸帝国宫廷法院，即便在 1600 年左右政治教派化发展至高峰时也是如此 [165]。

尽管彼此竞争的基督教派别在宪政体系内获得的特权各不相同，但令人意外的是，帝国法律在宗教问题上保持着中立。这为帝国的犹太人群体带来了显著的益处，近来有一系列的研究在关注他们 [158]。尽管仍然面临着歧视，但犹太人可以向法院申诉，以《妥拉》(Torah) 之名宣誓，而且通常还能获得与基督教徒大体平等的待遇。

两大法院负责解决帝国阶层与具有皇帝直辖地位的其他人（如帝国骑士）之间产生的纠纷，以及发生于以上人等与其臣民之间的争端。在这一共同的职权范围内，帝国枢密法院负有审判破坏公共和平之罪行的特殊责任，而帝国宫廷法院则负责审理与皇帝特权有关的案件。所有纠纷本质上都与管辖权的冲突有关。两大法院都没有审理普通民事或刑事案件的职能，不过它们确实都审理过一些此类案件，有的是因为下级法院犯有程序错误，有的是因为有两个或两个以上的帝国阶层因为管辖权而爆发冲突。

在以普鲁士中心论解释帝国的学者看来，两大不同的最高法院的存在，进一步证明了帝国的低效，早期研究也详细说明了两大机构面临的众多困难。帝国枢密法院周期性的崩溃，以及两大法院的人员不足问题，已引起了相当多的关注。事实上，帝国枢密法院从未完全停止过运行。真正崩溃的是对其案件进行复审的过程，这被称为"巡检"（Visitation），按理应由帝国议会派出特别代表团执行。代表团在 1588 年停止了巡检，因为天主教徒拒绝允许 1555 年以后已非法世俗化的主教区的管理者参与进来。1707—1713 年间进行过一次巡检，1767—1776 年间还进行过一次，但这两次都未实现很多人认为有必要进行的改革。普鲁士虽然阻挠了第二次巡检，但依然被迫要在 1774 年缴纳其拖欠的摊派费用。1782 年以后帝国枢密法院的工作效率有极大改善，不仅可以完成积压的工作，还能每年处理 300 多起新案件。1802 年对帝国的重组消灭了许多对于缴纳摊派费用最为积极的小领地，这导致该法院的 25 个法官职位中有 4 个被迫空缺。尽管如此，1801 年以后它依然受理了 1033 起案件，发布了 1009 份裁定，并在 1806 年7 月 17 日进行了最后一次审判。

案件总量是相当惊人的，与其他国家高级法院的工作相比也是极其突出的。帝国枢密法院在其运行期间共处理了大约 7.5 万起案件，是帝国宫廷法院 1620 年之前工作量的 1.5 倍至 3 倍。但此后平衡颠倒，帝国宫廷法院不仅仅承担起因帝国枢密法院周期性的问题而撂下的工作负担。现存的帝国宫廷法院处理的案件数量为 7 万起，但总数很可能有 2 倍之多。此外，必须记住的是，两大法院经常要根据最新的发展修改其裁决，从而进一步推高了工作总量。

对帝国法院的批评重点在于最高上诉特权（*privilegium de non appellando*）。《金玺诏书》授予了选帝侯这一特权，后来这一特权又扩大到其他诸侯，这在实际中使得享受这一特权的领地统治者的臣民不能越过统治者直接向帝国法院上诉。不过，这一特权的重要性被夸大了。实际上，帝国法院对相关领地的影响并未因此而被阻断：如果领地居民不能从地方司法机构获得公正待遇，帝国法院仍可进行干预。此外，所有获得这一特权的领地统治者，都不得不建立自己的上诉法院，以在领地内取代帝国枢密法院的职责。就此而言，这一特权对帝国法院起到了协助作用，因为它使帝国法院摆脱了轻微案件的负担，从而能够集中受理重大案件。真正摆脱帝国法院干预的地区，仅有从 1637 年起完全处于哈布斯堡家族统治下的世袭领地波希米亚和奥地利，以及在梅赫伦（Mechelen）建立起独立上诉法院的勃艮第大区。1648 年瑞典也试图为其所占德意志领地获得类似特权，但并未成功，其所属的德意志领地仍得接受帝国司法体系的管辖 [164]。

一个更为根本的问题是，两大法院的判决如何实施？两者都要依赖大区结构，因为需要授权相关地区的一位或多位诸侯以特派员（commissioners）身份搜集证据，并实施最终处罚，必要时可用武力 [166, 177, 178]。特派员的任命必然会受到政治影响，导致做出最终裁决的过程受到拖延；另外，维持必要共识的需要，最终促使各方形成一种可行的折中判决，而非按法律条文严厉执法。

法院的成功体现在三个方面：第一，法院通过和平仲裁方式解决了领地间的纠纷，由此促进了温弗里德·舒尔策（Winfried Schulze）所说的在 16 世纪就已成为常态的"帝国司法化"（juridification of the Empire）[161]，一改此前大诸侯随意诉诸暴力手段的局面。诸侯们越来越不愿看到因草率使用暴力而妨碍到案件审理，这推动了帝国法律规定的准则获得更多认可，因而有助于维护现有的宪政结构。甚至皇帝也十分注意遵守法律程序，以便维持其作为公正无私的最高封建主的威望，进而也加强了皇帝全面恢复起来的影响力。萨克森地区各公国之间复杂的继承问题导致 18 世纪上半叶多次出现武装入侵有争议地区之事，但一旦法院介入纠纷，军队通常都会撤出，最终是由司法仲裁而非军事行动来解决所有这些冲突。就连奥地利和巴伐利亚这些军事力量强大的领地，通常也会选择以协商而非战争的方式解决分歧，例如解决 1764—1776 年间的边界纠纷。不过，司法手段也有其自身局限性，尤其是当国际冲突加剧德意志内部冲突时，而且，1703 年、1740 年、1756 年都发生了破坏和平的严重行为，不利于帝国的稳定，但法院也无法加以阻止。

司法化也促进了领地内纠纷的解决，尤其是统治者与领地等级议会之间的纠纷，这些纠纷通常都是因征税和军事政策而起。帝国复兴的一个重要特征是，从 17 世纪 70 年代开始，两大最高法院仲裁此类纠纷的能力都在不断增强，即便仲裁过程耗时数十年，也能确保它们再也不会演变为严重的暴力冲突。最突出的三场纠纷发生在符腾堡、东弗里西亚和梅克伦堡，每一处法院的干预都约束了诸侯的权力，确保领地等级议会得以幸存[160, 266, 271]。这方面值得高度重视的是，利用武力实现内部政治变革的典型案例，来自 1661—1663 年间的东普鲁士，而它处在帝国边界之外。

最后，法院也能缓解社会冲突和宗教冲突。当领地司法在根本上偏离了帝国法律规定的准则时，帝国枢密法院可以干预，并在约束依赖严刑逼供的"巫术"案件审判等方面取得了一定成功 [167]。可能更重要的是，近来关于农民反抗斗争的研究 [161, 173] 表明，农民的抗争并非在农民战争结束以后被领地邦国强力压服，而是转移到了帝国司法制度中，因为农民已能熟练利用法庭追求其目标。两大帝国法院之间以及其他领地统治者之间司法权限的重叠，为吸引其他强势力量关注案件提供了机会。漫长的诉讼过程为农民提供了法律程序方面的教育，农民对法律手段的运用显然已变得相当老练。1648—1806 年间，帝国宫廷法院受理的案件中，至少有四分之一是由臣民控诉其统治者，其中部分控诉获得成功，甚至有统治者被法律诉讼罢黜。例如，在 1707 年的一场诉讼中，帝国宫廷法院裁决拿骚－锡根（Nassau-Siegen）的统治者威廉·海厄森斯（Wilhelm Hyacinth）采取的专制且不合理的政策，"危及其臣民的生命安全"，因此特授权科隆派出士兵将其逐出其小公国 [176]。

但从长期来看，法律诉讼的相对成功，降低了人们采取更为革命性的措施来改变现有秩序的热情，因此符合领地邦国的利益。1806 年以后，领地邦国成为帝国司法制度的继承者，因为无论是莱茵邦联还是后来的德意志邦联都没有类似的上诉机制。司法审查和行政审查成为解决社会冲突的通行办法，加强了人们对于"法治

国家"（*Rechtsstaat*）即用法律对国家进行政治统治的
信心。就像后来的德意志历史所展示的那样，这一"法
治国家"的概念并非毫无危害。尽管一方面它强调公共
秩序和以非暴力手段解决纠纷，但另一方面它又促使人
们认为个人权利最有力的保障来自法律而非民主制度。

第四节　帝国税收

与近代早期任何一位君主一样，皇帝的收入分常
规来源和特别来源两种。前者当中首先是来自其享有权
利的自身世袭领地的收入，这与其他任何一位领地统治
者并无不同。世袭领地收入中有部分来自皇帝私人领地
的直接收益，但逐渐地，更大份额的收入来自其领地的
等级议会批准后征收的赋税。皇帝第二项常规收入是其
皇帝身份所特有的，名为帝国财政（*Reichscamerale*），
即源自皇帝特权的收入。它们包括每一位皇帝即位时征
收的"皇冠税"（*Kronsteuer*），以及自 1342 年起每年
征收的"祭品税"（*Opferpfennig*）。这两种税完全是由
犹太人缴纳，以换取皇帝的保护。更可观的是封建税
费，在帝国采邑的每一位新统治者即位时征收。14 世
纪中期时，这些特权每年为皇帝查理四世带来总计 13
万弗罗林（florin）的收入，但到 15 世纪 90 年代时，

76

收益已降至几千弗罗林。恢复皇帝收入的措施因信息匮乏和官僚政治混乱而宣告失败。最后一次下决心采取措施试图开发这些已所剩无几的收入来源是在查理六世时期。最终的失败导致哈布斯堡王朝对帝国逐渐感到失望。不过，封建税收仍然相当丰厚，萨伏依在1755年就一次缴纳了172 265弗罗林 [65；58；180]。

皇帝的特别收入在政治上意义更加重大，因为它集中体现了皇帝与诸侯之间为争夺国家税收，以及诸侯与其领地等级议会之间为争夺领地税收而展开的冲突。最终结果是，皇帝未能独占国家税收，而诸侯则普遍控制了领地内的特别税收。国家税收纷争意味着，在其形式与政治控制方面还存有分歧。不过，新税的发展是帝国改革的一项决定性因素。

自1422年起，帝国不断尝试在所谓普通税（*Gemeiner Pfennig*）制度内，建立一种由中央控制的直接税，不分地位等级，对所有男性居民征收 [181，189]。与预期相反，即便1495年皇帝下令连续四年征收此税来为帝国枢密法院提供资金支持，但由于其征收额度是由帝国议会决定，而征收行动则由领地实施，因而这一制度并未形成政治集权。该税在1551年之前又征收过五次，采用了一种更复杂的累进税制，这一制度也被领地政府照搬用于征收领地自己的税费 [183；197：47—58]。1521年以后，普通税用于资助帝国防务，因为 1507 年有一种名为"帝国法院期限税"（*Reichskammerzieler*）的新税被引入来负担帝国枢密法院的费用。帝国法院期限税的税率于 1521 年确定下来，仍然由领地负责征收。

普通税完全被另一种征税制度——"登记制度"（*Matrikelwesen*）取代。登记制度自 1422 年起才不断发展起来，到 1521 年以后就成为评估帝国阶层财政义务的主要方法。这一制度对各帝国阶层按标准额度征税，相比于帝国议会提出的满足防务等公共事务需求的基本数额，其总数超出了许多倍。这一征税方法将帝国议会代表权与纳税登记结合起来，而且与普通税一样，由诸侯与其他领地统治者负责征收，因此加强了领地化的程度。领地统治者新建立起来的财政机构也因为现在负责征收帝国赋税而实现了合法化。这些纳税义务很难躲避，尤其是因为在 16 世纪帝国征税与奥斯曼帝国的威胁密切相关 [190]。对于诸侯宣称将用于与奥斯曼土耳其异教徒作战的赋税，每个领地阶层无论属于哪一教派都不能反对。由于征税过程缺乏会计核查，相关程序也没有中央监督，这为诸侯建立能够支持领地化的财政管理体制提供了空间。诸侯不仅要求臣民缴纳比领地应付的帝国赋税额度更高的税金，还以领地官员和士兵也在为帝国公共利益服务为由提出更多要求。随着防务成本的增加，诸侯又转身要求帝国议会批准扩大征税范围，结果是 1654 年帝国议会决议第 180 条规定，所有领地臣民都有缴纳军税的义务。尽管皇帝一直反对批准完全由领地诸侯控制的赋税征收，但领地等级议会对这些要求的抵抗力已大大下降。

财政管理制度的发展仍然有限，这反映了哈布斯堡领地与帝国其余地区之间的分裂，而它恰好发生于新税开征之时。领地政府负责赋税征收，它们可以随意使用当地的办法来收税，只有普通税例外，它有一套规范的征收制度。税金被转送至已指派好作为征税中心城市（*Legstädte*）的四个帝国城市：奥格斯堡、法兰克福、纽伦堡（Nuremberg）和雷根斯堡。1557 年又增加了莱比锡（Leipzig）负责德意志东北部地区。1495 年任命了一位帝国司库（*Reichspfennigmeister*），负责监督税款的集中并准备账目。1557 年又增加了一位司库，两人职责做了分工，分别负责南北地区。如同近代早期的许多职位一样，司库的作用相当程度上取决于形势发展以及任职者的性格。1589 年，扎哈里亚斯·盖兹科弗勒（Zacharias Geizkofler）被任命为南方司库，当时帝国税收正在前所未有地增加，而且帝国在 1593—1606 年又参与了长土耳其战争。在 1603 年辞职之前，盖兹科弗勒担任了一个特别的职位，即皇帝的首席财政顾问，此

外他还是军需供应商和代理商 [191]。然而，即便是他，
也只能经手从帝国阶层那里收到的税金。哈布斯堡领
地的税金是直接交给 1527 年成立的皇室自身的财政机
构——宫廷财务府（Hofkammer）。这一机构负责皇室
所有的财政与经济规划（虽然并无太大意义），而下属
机构则负责把从帝国阶层那里运送过来的钱款和从哈布
斯堡领地上直接收取的税金送去支付帝国军队的军费开
支。还有一个帝国机构是税务处（Fiskalamt），1507 年
成立，隶属帝国枢密法院，负责起诉不缴纳帝国赋税之
人。帝国枢密法院的困境促使帝国宫廷法院在 1596 年
也成立了一个类似机构。领地化发展这一辅助性特征使
帝国此后也不再需要这些中央机构的进一步发展。

　　帝国税收的增长相当惊人。1495—1499 年期间从
帝国阶层那里第一次征收到的普通税达到 5.6 万弗罗林，
大抵相当于从哈布斯堡领地上收取的税款 [189：564]。到
1518 年，总收入达到约 200 万弗罗林，使马克西米连一
世每年可从帝国领取 5 万弗罗林。帝国法院期限税的收
入几乎无法承担帝国枢密法院的开支，16 世纪早期这笔
开支就已高达 5 万弗罗林，到 1802 年又上涨至 14 万弗
罗林。帝国司法仍是"相当廉价的"[25：272]。从 1521
年开始登记制度提高了帝国收入，使查理五世能够获得
相当于马克西米连一世所得 2.5 倍的钱款。1551 年最后

一次实际征收到的普通税税额高达约 40 万弗罗林，约占预期收益的 57%。比起查理五世从尼德兰和帝国以外的领地上收取的 1420 万弗罗林，这又未免相形见绌，更不用说从新大陆输送来的更多白银和巨额借款。

帝国税收之所以令人失望，部分原因在于征收方法，即所谓"罗马月"（Römer Monate），其得名是因为这本来是为皇帝赴罗马加冕所需扈从提供的费用。一个罗马月的价值已从 1521 年名义上的 12.8 万弗罗林骤降至 1577 年的 6.4 万弗罗林，这一数额一直延续至 18 世纪晚期。减少的部分约有一半是因为有些领地被其他领地兼并后失去了其（通常有点模糊的）帝国阶层的地位，被排除在征税范围之外，而兼并它们的领地一般也不愿意承担原有的纳税份额。另有四分之一的税收损失是因为有些领地被割让给了外国强权，或是获得了专门的豁免权；而其余领地虽然并未真正丢失，但也造成了税收损失，这纯粹是因为皇帝自己的领地是向哈布斯堡皇室的财务府直接纳税。

帝国议会批准了比基本额度高出许多倍的征税措施，在 1558—1603 年间，下令征收了多达 390 个罗马月的税金，价值约 2500 万弗罗林；相较之下，查理五世在其完整的统治期间共征收了 7350 万弗罗林。这些收益无论如何也足以抵销上述损失。1557 年之后，纳税额实际上在增加，因为勃兰登堡和萨克森等北方领地热切地想要帮助帝国抵抗奥斯曼土耳其人。1558—1576年间表决通过的64个罗马月的征税令，征收到了大约90%的税款；而在1576—1603年期间批准的罗马月显著增加至326个，征收到了仅88%的税款。到1602年时，欠缴的税款约为500万弗罗林，其中选帝侯和大诸侯的欠缴额占近乎三分之二，这表明小领地一如既往是帝国最坚定的支持者。不过，忠诚度依然普遍很高，1592—1594年间皇帝额外收到了自愿捐献的50万弗罗林[190]。

这些援助现在比在查理五世时期更加重要。1558年对哈布斯堡君主国的分割使其奥地利分支无法直接获取西班牙丰富的资源。斐迪南一世的领地每年只能提供约215万弗罗林的收入，而他在1564年去世时留下的债务高达1230万弗罗林。哈布斯堡王朝的收入到1617年时已增至约540万弗罗林，但债务也飙升至3000万弗罗林。尽管通过向新教贵族授予宗教特许权而获准分期偿还部分债务，但仅仅是支付余款的利息就耗去了皇帝常规收入的三分之一。考虑到即便在和平时期在边境部署抵抗奥斯曼土耳其人的军队，成本就高达200万弗罗林，帝国税收对于维持哈布斯堡君主国更加具有关键作用。1556年以后帝国阶层缴纳的税款每年平均为60

万弗罗林，在长土耳其战争时期升至150万弗罗林。这比鲁道夫二世从西班牙和教皇那里获得的财政援助多了3倍 [187, 190]。

1603年以后对哈布斯堡王朝信心的动摇阻止了帝国阶层继续向皇帝缴纳大额税款。当1603年最后一次通过的征税法令到期之后，皇帝召开了1608年帝国议会，但支持普法尔茨的集团中途退出。下一次开会是在1613年，但只通过了30个罗马月的征税额度以维持边境的军事部署。1618年三十年战争的爆发改变了这一局面，因为皇帝不再需要金钱对抗"基督教世界共同的敌人"奥斯曼土耳其人，只需要在帝国内部镇压反对势力。此外，冲突迅速升级也使得发动一次战役的成本提高至1200万弗罗林。资金的匮乏迫使斐迪南二世必须依靠西班牙、巴伐利亚和萨克森的帮助才平息了波希米亚起义。皇帝急于摆脱这种依附地位，于1625年成立了一支由阿尔布雷希特·冯·华伦斯坦领导的新军队。尽管有"帝国"之名，但这是一支"皇帝的"（*kaiserlich*）军队，并不是"帝国的"（*reichisch*）军队，且其成立并未得到帝国阶层的支持或拥护。华伦斯坦依赖对占领区的金钱勒索及没收皇帝敌人的领地来维持军队开支。来自选帝侯的压力迫使斐迪南二世在1630年解雇了华伦斯坦，并同意用罗马月的税款来资助这支军队。税款迟迟不见拨付，主要是因为这道命令只得到了选帝侯的同意，并未取得整个帝国议会的批准，而斐迪南二世又因为担忧帝国议会批评其政策而未曾召集开会。

1635 年皇帝恢复了与萨克森的同盟关系后暂时取得了优势地位，这促使他要求征收更多的罗马月税款，但直到 1641 年才得到帝国议会姗姗来迟的同意，并且是前所未有地发布了 600 个罗马月的赋税征收命令。在威斯特伐利亚和会上，帝国阶层又投票增加了 100 个罗马月的额度，以便皇帝能够解散其军队，并出于同一目的向瑞典支付 780 万弗罗林。瑞典获得了全额费用，但支付给皇帝的战时罗马月税金被极大地削减了，其中既有对哈布斯堡王朝政策的政治反对因素，也有外国占领了帝国相当多领地的因素。没有一个完整的数字被保留下来，但在 1641—1651 年间，皇帝共收到了 287 万弗罗林 [188：460]。大体上支持皇帝的领地缴纳的税款接近长土耳其战争时期的程度。萨尔茨堡大主教区在 1635—1648 年间应缴的罗马月税金为 200 万弗罗林，实际缴纳了 64%，考虑到它在 1620—1650 年间的总收入才 700 万弗罗林的话，这可以说是一笔巨额税款。哈布斯堡王朝的战争总费用至少在 3 亿弗罗林，其中皇室自己的领地只贡献了 120 弗罗林，其余部分均来自帝国，或是通过官方的罗马月税金征收，或是像华伦斯坦那样巧取豪夺 [213]。相比之下，西班牙和教皇提供的财政援助只有 1400 万弗罗林，并且到 1642 年还完全停止了，这表明其作用在大多数战争史著作中都被极大地高估了。巴伐利亚的开支在大约 6000 万弗罗林，萨克森也大体相当 [38]。这些数字形象地说明了为何三十年战争对帝国产生了如此之大的影响，也说明了在前一个世纪建立起来的帝国与领地的财政制度很有弹性。

1648 年之后登记制度仍在实行，但其重点自 1663 年以后已变成提供兵员而非纳税。罗马月的数量也相应下降了。帝国税收也不再被用来补贴维持皇帝军队的开支，而是用于资助一支真正的帝国军队（*Reichsarmee*）的行动。这支军队由来自包括哈布斯堡领地在内的各帝国阶层的小分队组成。帝国议会投票批准的征税总额仍是相当可观的，仅在 1707—1714 年间就批准了 1660 万弗罗林的税额 [188：478]。这笔税款支付给新成立的帝国军事行动金库（*Reichsoperationskasse*），用于支付这支联军的将领、炮兵和后勤支持所需费用。领地直接支付自己小分队的费用。部分大区议会也成立了类似的军事行动基金，由各自所属的领地捐献钱款，以资助成立自己的军事参谋部门，有时候也用于其他公共项目。这些制度再次说明了帝国结构的辅助性特征。另外一个特征常被忽略，即 1648 年以后的政治与法律制度更加完善，从而减轻了 1672—1714 年间漫长战争的部分影响。军队的纪律在加强，并且大区和实力较强的领地还建立了一个"行军特派员"（march commissioners）网络，以便为帝国军队和同盟军队组织好食品供应、住宿和交通运输，这都使得军队的敲诈勒索行为和其他掠夺行为受到遏制。帝国和大区立法对赋税进行管理，并且保障那些为军队住宿和其他军事行动而承受负担的帝国居民至少能得到一些补偿。

直至 18 世纪中期，帝国议会仍继续定期发布罗马月征税令，例如，1736 年，为了资助奥地利另一场反奥斯曼土耳其的战争，投票通过了 50 个罗马月的征税额度。一些小金额的税款被用于在凯尔（Kehl）、菲利普斯堡（Philippsburg）和美因茨部署军队，这些地方已在 1714 年被指定为保护莱茵河的"帝国要塞"。不过，维持要塞的大部分负担仍要依赖附近的领地，而到 18 世纪 70 年代，这些要塞均已陷入年久失修的状态。法国大革命战争（French Revolutionary Wars）爆发后帝国议会又开始征税，在 1793 年 2 月之后通过了 330 个罗马月的税额，其价值在 2000 万弗罗林左右，但实收只有大约四分之一。尽管小帝国阶层仍然履行其纳税义务，甚至还自愿超额缴纳，但军事力量强大的大公国

82

拒不缴付 [145: 435—436]。普鲁士在 1795 年 4 月退出反法战争之举实际上分裂了帝国，并且妨碍了依然愿意履行义务的北方领地纳税。

尽管普奥矛盾导致这一时期赋税收入匮乏，但我们不应因此而忽略帝国税收实际存在的结构性缺陷。在 16 世纪发展起来的这一制度反映了当时盛行的愿望，即建立一种由身份而非物质标准决定的、理想化的静态秩序。1521 年分配纳税额一直在向下"调整"，没有一个领地承担与其经济发展或人口增长程度相一致的额外负担。增加收入的唯一办法是按照基本额度的倍数征收，而这一基本额度已不再与领地的实际收入有任何关联。普鲁士在 1800 年的年收入接近 3100 万弗罗林，而即便是一个像维尔茨堡（Würzburg）主教区这样的小规模领地也有 13.5 万弗罗林的年收入，相当于长期得不到充分资助的帝国枢密法院全部的经费需求。

就某个方面来说，帝国实现了近代早期的财政理想：不像其他欧洲国家，它没有债务负担。到 1794 年，普鲁士的债务已达到 6510 万弗罗林，这也是它退出反法战争的主要原因。奥地利在 1797 年与法国签署和约时，债务达到了令人难以置信的 5 亿 4250 万弗罗林 [263: 79, 122]。相比之下，帝国的债务主要是领地所拖欠的罗马月税款和其他费用。不过，这一财政顺差只是体现了帝国财政制度的落后性，因为它完全依赖领地提供借款才能掩盖其现金流困难。

我们从经济管理制度中也能发现问题，当然这些并不是帝国所独有的，而且也反映了近代早期的一般观念。正如帝国阶层寻求帝国议会帮助解决防卫问题一样，他们在处理由在帝国全境发展的新型商业化生产方式引发的矛盾时，也重视帝国议会的支持。与帝国所有的管理制度一样，帝国议会达成基本准则，然后印刷颁布一系列的法令，而这会对领地立法施加影响，并为帝国阶层和普通臣民解决分歧提供一套法律框架。而且，与帝国改革的所有结果一样，在 16 世纪建立的基本框架到 1806 年时仍大体上保持着原样，尽管这时人们的观念以及经济与社会行为已发生了显著的变化。

1530 年，帝国议会废除了教会法对高利贷的限制，并设定最高利息为 5% [104: 201-209]。这一规定沿用经年，并在 1654 年扩大至所有的借贷协议。1654 年的修订案还允许帝国阶层延期偿还利息，从而缓解了其财政负担，有助于三十年战争结束后的经济恢复 [186]。不过，帝国通常不会同意免除逾期欠款，而且会仔细记录欠缴帝国税收的名单。欠钱不还现象遍布社会上下，有些群体甚至到 19 世纪晚期仍在偿还三十年战争时期欠下的债务。帝国的官方利率规定普遍被忽略，但也没有

83

其他欧洲政府试图强制推行一个单一利率。

16世纪20年代，帝国对通行费（tolls）的管理也失败了。当时帝国城市成功阻止了建立统一关税制度的提案，担心会冲击其贸易。直至19世纪，自由贸易和地方保护主义的冲突依然在帝国全境到处存在，在欧洲范围内也是如此。管理的压力促使帝国议会在1576年强迫帝国阶层同意在对通过其领地的货物征收新通行费之前要取得邻邦的许可。大区负责实施这一决议，但执行效果并不理想，到三十年战争时期完全停止。《威斯特伐利亚和约》正式取消了自1618年以来所有未经批准而征收的通行费，由大区负责具体落实；而1576年的规定虽然在和约签署八年后又恢复，但结果已然是成败参半 [183：95—100；184]。

帝国也建立了类似的制度来管理货币。1524年发布的第一项帝国货币条例建立了有利于汇兑发展的制度，按照统一的含银量标准（科隆银马克）把所有的货币关联起来。1551年、1559年、1566年和1570年先后发布的修订案又允许在南方的金弗罗林和北方的银塔勒（taler）这两个帝国主要的记账单位之间采用一种更现实的汇率，从而实质上改变了不同货币之间的平衡关系。这有助于北方领地在政治和经济上更好地融入帝国。1566年，货币监管职能移交给了大区，定期召开大区货币会议来规范汇率的制度也随之开始实施。然而，哈布斯堡领地在 1573 年退出了这一机制，而大区货币会议在 1696 年以后召开的频率也在下降。普鲁士在七年战争时期对货币的操纵及其在政治上与奥地利的敌对关系，使这一制度到 1765 年时事实上瓦解了，只不过有些地区依然在开展合作 [187：104—116]。真正的问题在于当时流行的观念，而非制度本身不适当。争执来自有关在货币之间建立平衡关系这一理想的分歧，人们希望通过这一理想的平衡关系能够把汇率永久固定下来，而事实上货币价值会随着经济活动和货币中贵金属含量的变化而波动。其他国家尽管可以通过在其边界范围内实行单一货币而避免这些问题，但依然无法就汇率问题与其贸易伙伴达成一致。

帝国贸易集市的成功证明货币问题对于贸易发展并不是致命的 [185]。贸易集市特许权是皇帝的一项重要特权。这一特许权不仅可以为消费者提供法律保护并免除部分通行费，也可以提升集市的形象，从而吸引到比那些只得到领地统治者批准的集市更多的生意。法兰克福集市在 1330 年开始设立，主要服务于南部和西部地区。1497 年莱比锡也获得了帝国贸易集市特许权，服务于东部和北部地区，这也是推动这些地区融入帝国的另一个因素。许多地区集市则在这两大主要贸易集市和地方市场之间扩展贸易网络。

在当下有关欧盟和全球市场内实行的经济管理措施的讨论推动下，帝国经济管理的总体影响正日益受到学者们的关注。到目前为止几乎还没有成果问世，相关研究也主要受到"交易成本"模式或额外经营成本理论的影响。初期的研究评价也许过于乐观了，认为大区结构为遏制地方保护主义和协调地方的发展发挥了有效的作用 [79, 206]。此外它还主张政治分裂有助于领地之间的竞争，从而引发创新，推动利基产品生产和新市场的发展 [192]。一项对莱茵河沿岸通行费管理的新研究提出了不同的意见。尽管有双边会议和大区会议，但事实证明，即便是在启蒙运动时期的 18 世纪，要取消沿河设置的众多关税检查点也是不可能的。虽然用驳船运输大宗商品的好处显而易见，但将货物卸下然后从陆地上长途绕行以避开收费点的方式通常只需更低的成本。只有到 1802 年领地重组之后，在法国的压力下，这些问题才得到缓解 [182]。我再一次强调，不要认为在这一方面帝国很特殊，这很重要。18 世纪的法国也曾饱受国内关税壁垒之苦。即便在 1834 年备受吹捧的普鲁士关税同盟（Prussian customs union）成立之后，德意志也没有建立一套统一的关税制度，直到 1904 年才完成这一任务。这个时间点值得纪念，因为海因茨·席林等学者曾批评说，国家只有在边界统一之后才能生存。

第五节 帝国防卫

对帝国防卫制度的研究，患上了赫尔穆特·诺伊豪斯正确指出的"罗斯巴赫综合征"(Rossbach Syndrome) [199：297]。1757 年普鲁士在罗斯巴赫战役中击败法国与帝国组成的联军，这象征着帝国的无能，以及以施行中央集权化绝对统治的领地邦国为基础形成的军事组织的优越性。尽管损失惨重，但战败并未阻止帝国继续在七年战争期间对普鲁士展开正式军事行动，也并不意味着帝国集体安全制度的终结 [195]。要了解帝国防务的优势和不足，我们需要回到改革运动中去考察其源头。

帝国防卫问题源于对公共和平的担忧，涉及的问题除了抵御外部侵犯，还包括维护内部治安和解决内部冲突。就此而论，帝国防务的基本原则与支撑起强权国家军事组织的原则有根本差异。帝国的战略是防守而非进攻，追求的是和平仲裁而非决定性的军事胜利，因此，帝国是通过建立动员体制而非常备军来应对紧急事件 [195]。传统研究并未注意到这一点 [200，204]，因此自然会认为，与普鲁士等军事化邦国相比，帝国缺乏防卫机构。

我们在讨论改革时代的防卫时，不仅需要关注组织上的冲突，还应注意到原则上的冲突。为了使用昂贵的职业雇佣军参加 16 世纪早期正在战术与武器方面经历"军事革命"的战争，皇帝和领地统治者都在寻找办法筹集经费。相比之下，更为广泛的帝国利益则要求和平，尤其是要结束诸侯、贵族、城市之间的私战，还要避免先前皇帝耗费巨资进行的对外冒险活动。就连马克西米连一世和那些更为好战的诸侯，包括他们各自的继任者在内，都意识到了这些诉求。

结果就是，在这两种压力之间形成了折中，以使皇帝和帝国能够处理来自内外两方面的威胁，同时又不使任何一方形成为了自身利益而进行危险的军事冒险的能力。这一折中体现在改革时代的制度安排中，包括 1555 年的帝国执行条例及 1570 年施派尔帝国议会对它的修订 [97]。1495 年，马克西米连一世颁布条例，为实现永久性的公共和平禁止私战，同时最高法院制度也在发展，以便用仲裁取代暴力来解决纠纷。大区制度的建立则为法院判决的实施和为公共利益协调组织各领地的士兵，提供了一种手段。

军事组织向大区尤其是领地转移，一定程度上反映出中央层面在帝国辽阔的土地上处理战争事务面临巨大的现实困难。同时，这也是有意为之的举措，能使领地统治者在外交政策和军事政策领域保持政治影响力，因为正是他们而非其他机构负责为战争提供人力和财力。1519年的《选举让步协议》约束了皇帝进行对外战争的权力，规定皇帝要想发动战争必须事先取得选帝侯的同意；1648年又进一步要求必须得到帝国议会全体的批准，这也进一步加强了领地统治者的影响力。这些安排反映了帝国要与基督教国家保持和平的根本原则，但实际上皇帝仍然可以凭借哈布斯堡君主国统治者的身份发动战争。一旦战争爆发，帝国阶层往往别无选择，只能表示支持。皇帝也可以以侵略者破坏了公共和平为由要求帮助。利奥波德一世确实曾在1689年和1702年请求帝国议会批准他正式宣布发动一场"帝国战争"（*Reichskrieg*），但这反映的是他促进共识从而与哈布斯堡王朝的政策保持更大程度一致的方针。同一方法在1734年和1793年被再度使用，也都是因为反法战争。

军事组织向领地转移促进了普遍开展的领地化进程，而这一进程多数情况下只是为了获取更多的人力资源和物质资源，以满足日益增多的战争需求。16世纪早期领地大国在处理这些问题上取得的相对成功，确保了它们能战胜在政治和军事上遇到的挑战，这些挑战包括1521—1523年的帝国骑士起义和1524—1526年的德意志农民战争。所有的统治者，包括皇帝在内，继续把私人军事承包商作为其武装力量的核心，因为他们自己的官僚组织并无能力独自完成这些任务。随着军官与士兵都接受诸侯的统治权威，这些军事承包商也逐渐融入领地邦国的结构中 [197, 200]。

尽管远未完成，但这一进程已使大型领地在 17 世纪 50 年代出现了独立的常备武装。正如我们在本书第二章中所见，这些军队的存在，使帝国的国际地位及当时正在进行的有关帝国防卫制度的讨论更为复杂化。那些拥有独立武装的领地与未武装起来的邻邦之间的差异日益明显。这些领地军队中有许多是由外国提供资助，这引起了历史学界相当大的争论。早期观点认为，这些依靠外国资助的诸侯出卖了"德意志的利益"，完全就是在实行奴隶制。这一解释主要归因于民族主义的偏见而非历史证据。近来有学者强调，诸侯寻求外国资助是因为他们想在国际舞台上实现其政治抱负 [196]。此举进一步加剧了帝国政治国际化对帝国力量的削弱，剥夺了皇帝可利用的人力。

1672—1679 年法荷战争期间，由于皇帝利奥波德一世无力阻止法国对帝国的入侵，不得不向拥有武装的诸侯妥协，因而这些问题变得严重起来。诸侯派遣其武装力量协助积极作为的大区所动员起来的军队保卫帝国边界，作为回报，他们获准开发利用未武装起来的邻邦的资源。这一权宜之计对联邦制产生了危险影响，因为许多武装起来的诸侯都把对邻邦资源的临时开发作为全面吞并的第一步。对传统帝国体系的这一威胁，在1681—1682年重新调整集体安全制度的妥协协议中得到一定遏制。与盛行的意见相反，这一协议并未规定建立帝国常备军，而是改革了士兵动员机制，以便能够实现维持内部和平与外部集体安全的传统目标 [195]。

在1683—1714年间与法国和奥斯曼帝国的长期冲突过程中，帝国的防卫体系逐渐由三大主要部分构成。第一部分是哈布斯堡家族的常备军，它是德意志第一支常备军，比包括普鲁士军队在内的帝国其他任何武装力量都要庞大。按照1681—1682年制定的法令规定，哈布斯堡世袭领地需要派出一支部队来组建帝国军队，其常备军的一部分就在名义上被指派成为这支小分队。拥有武装的大型领地也要履行义务派出部队，构成了帝国防卫体系的第二部分。许多诸侯还同意增派士兵以换取皇帝在政治上的回报。例如，汉诺威统治者就以这种方式在1692年获得了选帝侯头衔。这些辅助部队与作为主体的奥地利军队一起参加的战争，更多是为了实现哈布斯堡王朝的目标，而非为了保卫帝国。这使得帝国防务的重任逐渐落到帝国防卫体系的第三个组成部分，即仍在积极运转的大区动员起来的集体武装身上。大区依靠先前没有武装起来的领地贡献的兵员组建起了完整的军团，那些领地由于过于弱小而难以单独组建整支军队 [193，201，202，203]。

大区参加防卫促使它们以"联盟"，即两个或更多大区成立的同盟为基础，开展更多的政治合作。这些联盟的起源、法律基础和发展过程，仍是有争议的问题 [205，207，208]。不过，我们可以发现，很有可能从 1651 年起，南部和西部大区就在尝试组成跨地区防卫同盟。在 17 世纪 80 年代和 90 年代的发展高潮时期，联盟运动体现了早期帝国改革运动中安全改革措施背后的许多原则，包括国际关系中的防御立场，以及较为弱势的帝国阶层影响和平协商和决策的尝试。1697 年，最为活跃的六个大区——法兰克尼亚大区、施瓦本大区、威斯特伐利亚大区、巴伐利亚大区、上莱茵大区和莱茵选帝侯大区——组成了一个常设联盟。这表明联邦制度有可能取代传统的帝国体系，但联盟在西班牙王位继承战争中难以维持团结，结果退化为在哈布斯堡王朝领导下召集弱小领地的防卫力量的一种便利机制。

89 尽管大区体系在 1801 年之前依然是集体防卫的支柱，但它逐渐被日益发展起来的领地大国的军队超越。在 18 世纪早期之前的领地军队中，只有奥地利军队具备独立行动的能力。萨克森的军队参加了 1700—1721

年的大北方战争（Great Northern War），结果证明这是一场灾难。而巴伐利亚在1701—1714年的西班牙王位继承战争和1740—1748年的奥地利王位继承战争中所采取的野心过高的政策，使其军队和财政都陷入崩溃。从17世纪70年代起普鲁士军事力量不断增强，尤其是当它在1740—1742年间通过征服奥地利的西里西亚证明了自己实力的时候，帝国内部的军事平衡随之而发生了根本性变化。1748年之后，普奥军力的持续增长，奠定了其作为德意志两大最强邦国的地位，所有其他领地的军队联合起来，在它们面前都相形见绌。这一形势使得旧的集体安全制度难以维系，尤其是奥地利试图颠覆这一制度以便为其在七年战争中收复西里西亚创造条件。尽管在与大革命时期的法国进行的战争中动员了大量军队，但集体防卫体系无法满足哈布斯堡王朝和霍亨索伦王朝进攻性战争政策的要求。从1795年起，普鲁士开始了长达10年的中立，不仅从帝国军队中撤出了普鲁士军队，而且也撤出了在霍亨索伦王朝政治势力范围内的其他领地的军队，这使得帝国的战争行动陷入瘫痪。这些情况大大加深了我们对帝国最终崩溃原因的理解。

第六节 大 区

给大区下个准确定义，在过去一直存在着问题 [203]，不过，这些问题可以通过考察其发展过程来解决。大区兴起于帝国改革时代，目的是在皇帝与帝国阶层之间设立一个中间层级，以协助维护公共和平。1500 年奥格斯堡帝国议会将帝国大部分领地在地区的基础上组合为六个大区；到 1512 年，通过将先前排除在外的领地如哈布斯堡领地重新包括进来，以及将那些因面积过大而无法推动有效合作的地区细分，又增加了四个大区（见地图 3）。

大区概念早已有之。1287 年鲁道夫一世（Rudolf I）为了建立永久和平的公共秩序，曾以地区为基础对领地进行分类。1383 年和 1438 年也有类似举措，而各种地区互助防卫联盟的成立，如 1488—1534 年的施瓦本同盟和 1426 年的萨克森城市同盟（the *Sassenstädte*），也是大区的先例 [209]。但有所不同的是，新的大区制度被纳入改革时代所有的重大法令中，这使其获得了先前所没有的永久性。这方面的一个重要因素是，改革时代的立法以促成领地间达成共识为基础，而大区能够提供比任何形式的全国性会议都更为便利的舞台。1500 年和 1507 年的帝国议会决议两度授权大区监督帝国枢密法院法官的选任过程，这一职权一直保持到 1806 年；
这与 1500 年和 1522 年大区负责监督对帝国咨政院官员
的任命不同，后者解散后大区的这一职权也随之消失。
1530 年的一项决议又赋予大区协调各领地提供军队参
与维持秩序和国家防卫的职权。这一职权在 1555 年、
1570 年、1681 年三次获得确认。而且在登记制度下，
征税税额先是分配给大区，再由大区在各成员领地之间
进一步细分应纳税额，因而更是加强了大区组织协调领
地的功能 [202，203]。随后在 1524 年和 1559 年，大区两
次获得货币监管的职权，这使得更为活跃的大区经济管
理能力得到增强。最后，大区还屡屡获得维护公共和平
的职权，尤其是在 1512 年、1521 年、1522 年和 1555
年这几年，帝国议会通过了这一方面的决议。因此，到
16 世纪中期，大区已经获得对帝国改革四大关键领域
进行组织协调的职权：政治代议、军事组织、财政管
理、公共秩序。

　　1555 年帝国执行条例为大区建立了一种稳固的结
构。在实际发展过程中，各大区都出现了由一至三名重
要诸侯担任大区代表的做法，该法令批准设立大区执行
诸侯（*Kreis Ausschreibender Fürst*）之职对此予以承认，
目的是在大区与更高层机构如帝国议会和皇帝之间建立
一种官方联系渠道。这些职位也都领地化了，因为它们

通常是由各大区特定领地的统治者担任，如施瓦本的符腾堡公爵和康斯坦茨（Konstanz）主教。不过，关于由哪一个领地行使这一有政治影响的职权的问题，领地化也未能阻止其引发争议，尤其是在威斯特伐利亚大区（也称下莱茵大区）和上莱茵大区，在17世纪相当长的时间里，这两个大区都因这些冲突而陷入分裂状态。

由所有成员领地参加的大区议会的成立，对执行诸侯的地位构成了制衡。与在帝国议会一样，大区议会的投票权也以领地为基础进行分配。各统治者获得的选票数量，取决于其拥有的具备投票资格的领地的数量。然而，相比之下，伯爵、高级教士、城市却拥有与那些更为强大的世俗诸侯和教会诸侯平等的投票权，结果后两者尽管控制着大区大部分的土地和人口，却沦为少数派。这使得大区能够维护那些通常没有独立武装的弱小领地的利益，这也解释了大区为何会在1651—1714年间为使弱小领地在政治军事事务中获得一定发言权而发起的联盟运动中发挥作用。

各大区的发展因其地理位置和内部各成员领地之间的关系，而有极大差异 [210]。那些包括更多弱小领地的大区通常最为活跃，因为大区结构在一定程度上可以取代小领地统治者无力单独建立的行政、政治、军事、财政机构。这一点有助于解释为何施瓦本和法兰克尼亚这两个大区尽管都包含相对较大的领地邦国 [前者有符腾堡，后者有维尔茨堡、安斯巴赫（Ansbach）、拜罗伊特（Bayreuth）]，但其发展仍充满活力 [201, 206]。威斯特伐利亚大区和上莱茵大区在一定程度上也是如此，不过两者的发展也揭示出另一个普遍因素：与法国相邻的地理形势加强了地区防卫合作的需要，因为在路易十四统治时期（1643—1715）法国的进攻日益频繁。这一因素也影响到施瓦本大区、法兰克尼亚大区和几乎只包括美因茨、科隆、特里尔及普法尔茨四大选帝侯领地的莱茵选帝侯大区。但是，法国的侵犯也会使地区政治陷入瘫痪：有时候是由于担心激起法国入侵而难以开展地区合作，有时候则是因为主要的成员领地与法国国王在政治军事上结盟 [220]。随着实力强大的诸侯在不止一个大区获得土地，德意志诸侯也会对地区政治进行操纵。到 18 世纪时，普法尔茨选帝侯至少在十个大区中的四个拥有土地，勃兰登堡的霍亨索伦家族的土地则遍布三个大区，并与另两个大区也有联系。1609 年后霍亨索伦王朝对威斯特伐利亚的入侵，尤其是勃兰登堡选帝侯试图取代明斯特（Münster）和于利希两个领地的诸侯成为该大区执行诸侯，进一步加剧了该大区的政治困境 [92]。而许多威斯特伐利亚大区的小伯爵领地被其他非在地诸侯继承，使得形势更为严峻。

相比之下，其他五个大区各自都有一两个大领地处于主导地位。巴伐利亚选帝侯领地逐渐控制了巴伐利亚大区三分之二的土地，而奥地利与勃艮第两个大区几乎全由哈布斯堡家族领地组成。上萨克森与下萨克森两个大区，基本上分别由勃兰登堡与萨克森选帝侯领地，以及勃兰登堡选帝侯领地与韦尔夫（Guelph）家族统治下的各公国组成 [212]。跨越领地界线的大区制度，在任何时候要想继续存在下去，很大程度上取决于这些重要统治者追求的目标。

除了帝国骑士和条顿骑士团大统领（Teutonic Grand Master）拥有的那些相对次要的领地，波希米亚王国及其下属的卢萨蒂亚、西里西亚和摩拉维亚等公国，都被排除在大区制度之外。这一安排是有意为之，因为波希米亚是有分裂影响的胡斯派运动的发源地，并形成了自己的民族君主制。1526 年波希米亚成为哈布斯堡家族的领地后，将它永久排除在大区制度之外符合哈布斯堡王朝的利益，因为这使该王国可以免于各种帝国义务。1646 年诸侯试图使波希米亚王国成为第十一大区，以迫使皇帝承担起更多的公共责任，但尽管他们不懈努力，哈布斯堡家族仍然成功地将其永久排除在外。由于在 1548 年被转让给了西班牙的哈布斯堡王朝，勃艮第实际上被排除在帝国大区之外。《威斯特伐利亚和约》

进一步确认了这一点，将勃艮第从与德意志签署的和约中排除出去，理由是法国与西班牙的战争仍在继续。尽管双方的战争最终在1659年结束，但许多诸侯依然以此为借口，拒绝为保卫已公开成为哈布斯堡家族领地的勃艮第而提供帮助。即便勃艮第大区的残余部分于1700年回到奥地利哈布斯堡家族手中，这一问题依然存在。

这些问题与北部和东部大区明显受到主要领地支配的问题一道，使许多学者认为，大区制度只是在西南部尤其是施瓦本和法兰克尼亚才发挥作用。然而，近来的研究已经颠覆了大区制度在1555—1648年间陷入衰落这一传统观点 [210, 212, 214]。尽管部分大区的发展并不完善，但作为地区协调的便利机制，它们能够满足诸侯和皇帝的多种利益，这一功能也保证它们继续在帝国的发展过程中发挥重要作用。即便1648年之后面临着法国入侵的压力和诸侯扩张的野心，大区制度依然在发挥作用。即便是巴伐利亚选帝侯这样强大的统治者也一直重视大区组织 [211]，而且，尽管威斯特伐利亚等部分大区在走向衰落，但在18世纪90年代，由于在遏制潜在的政治分裂和协调各领地抵御大革命时期的法国入侵等方面发挥的框架作用得到普遍认可，大区制度得以全面复兴。维也纳会议曾考虑为新成立的德意志邦联恢复大区制度，这一想法一直持续到 1848 年。

第七节　帝国教会

教会领地被统称为帝国教会，在中世纪政治动荡时期一直是支撑帝国稳定和延续发展的主要力量之一，而且在帝国的剩余时间里仍是一个决定性因素。相当多的领地为教会诸侯所统治，而教会诸侯与皇帝头衔体现出的神圣因素共同组成了帝国的"神圣罗马"部分。1521年帝国阶层的登记簿中包含有 50 位教会诸侯，世俗诸侯只有 24 位，此外还有 83 名高级教士，143 位伯爵；7 位选帝侯中地位最高的 3 位也都是教会人员。教会通过附属于主教座堂教士团和修道院修士团的圣俸，为贵族和帝国骑士提供了许多机会。教士团和修士团可以像罗马枢机主教团选举教皇一样，选举诸侯主教和修道院院长。这些统治者的宗教管辖权还延伸到了许多世俗邻居的领地上，这使他们可以通过任命教士、收敛教会财富等方式对地方事务施加强有力的影响。此外，帝国教会与皇帝保持着密切关系，这不仅仅是因为在皇帝选举中三大教会选帝侯发挥着突出作用，也是因为皇帝在传统上担负着天主教保卫者的职能。这些因素保证了帝国教会作为一个整体在帝国政治中发挥积极作用，这与新教徒关于教会领地腐败而堕落的宣传给人的印象截然相反 [226]。

然而，新教崛起为天主教永久的竞争者推动了世俗化的发展，这对帝国教会和帝国都具有决定性意义。世俗化有两种形式：第一种形式要求将之前属于天主教会的财产或权利转移给从 16 世纪 20 年代晚期开始成立的新教教会。这意味着要对其功能重新界定，而非完全改变用途。新教徒反对修道院制度背后的神学思想，但"世俗化"的财产通常并不是出售或整合进统治者的领地，而是整合为一体之后实行信托管理，用于资助牧师、济贫和教育。18 世纪许多天主教领地也解散了男女修道院，也一样将其财产改用于教育和福利事业。这第一种形式的世俗化主要影响的是统治者皈依了新教的领地内的间接财产。第二种形式要求教会帝国阶层的政治权利和臣民移交给世俗统治者，这具有更重大的政治意义，因为它牵涉更多人的命运，影响到帝国议会的教派平衡。

第二种形式的世俗化使得教会帝国阶层到 1790 年时减少至仅包含当初的 3 位选帝侯，外加 31 位诸侯和 40 位高级教士的程度。不过，我们必须记住，这一减少不完全是新教的原因，明确这一点十分重要。萨克森和勃兰登堡在 1550 年左右各自吞并了 3 个主教区，但其中没有一个主教区曾被完全承认是正式的帝国阶层，而它们的 2 位新主人也并未试图在帝国议会代表它们行使投票权。天主教也有相近数量的教会领地被吞并，如萨尔茨堡废止了 4 个主教区，哈布斯堡领地也有 2 个主教区被解散。1648 年，12 个帝国修道院也以同样的方式消失了。另有 3 个主教区在 1560 年左右被库尔兰（Courland，今拉脱维亚）公爵吞并，但它们都不曾取得正式的帝国阶层身份，而它们出现在帝国征税名录上纯粹是反映了以前将帝国视为基督教世界之化身的观念。有 3 个主教区加入了瑞士邦联（Swiss Confederation），1 个被丹麦吞并，还有 3 个连同相近数量的修道院被法国一并兼并。1648 年才出现了"真正的"世俗化，那一年的《威斯特伐利亚和约》把不来梅（Bremen）和马格德堡（Magdeburg）这 2 个大主教区连同 6 个主教区（它们都享有正式的政治权利）都分给了瑞典、勃兰登堡和梅克伦堡。不过，和约也把在新教徒管理下的希尔德斯海姆（Hildesheim）和帕德博恩（Paderborn）归还给了帝国教会。吕贝克（Lübeck）主教区仍然是教会帝国阶层，但要由新教徒管理；而奥斯纳布吕克（Osnabrück）则处在天主教主教和来自邻近的汉诺威韦尔夫家族的新教公爵交替统治之下 [219]。

　　世俗化对帝国和帝国教会都产生了深远影响。尽管人们一直希望相互争论的神学观点最终能够实现和解，但宗教改革的持续进行使得教派分裂深嵌于帝国政治中。世俗化创建了独立的新教教会组织，它们依赖各地的领地统治者而非阿尔卑斯山以南的教皇势力，因而也加强了领地化的发展。世俗化也削弱了帝国教会，使其更加依赖皇帝和传统宪政体系，期望它们作为最佳的担保者保证自己能够继续生存下去。16 世纪时高级教士为获得帝国议会代表权而不懈努力并最终获得成功，就体现了这一点。随着 1648 年之后试图恢复失地和影响力的反宗教改革的希望破灭，世俗化趋势进一步加强。安东·申德林（Anton Schindling）认为，这时的帝国教会在帝国内部是一种"起稳定和团结作用的力量"[33]。

除了教会统治者由选举产生这一特点外，帝国教会普遍的贵族特征也被研究者认为是一项决定性特征 [79，227，229，234]。教皇和皇帝的支持使得德意志天主教贵族能在世俗化后仍保留下来的主教座堂教士团和修道院修士团中把控 800—1000 个职位。在 1500—1803 年间进行统治的 347 位诸侯主教中，332 位是贵族，只有 10 位出身平民，5 位是外国人。尽管帝国教会仍处于男性主导之下，但它的确也为女性在帝国内行使正式的政治权利提供了仅有的空间。保留至 17 世纪中期的 12 家帝国修道院共享了帝国议会内高级教士所拥有的 2 张诸侯选票。其中有 3 家修道院在帝国教会内一直维持着新教信仰：

奎德林堡（Quedlinburg）、甘德斯海姆（Gandersheim）和盖恩罗德（Gernrode）[114: 187-194; 225]。

为了控制那些依然富裕而又重要的教会领地，法国、荷兰、瑞典及其他国外势力，同抱着雄心壮志的德意志诸侯和哈布斯堡王朝展开了竞争，这使得教会选举的政治色彩日益浓厚 [220; 240]。这并未妨碍较大的教会领地与其世俗邻邦一样参与全面的发展进程，但近来研究仍然忽略了这一点 [104: 133-150]。例如，美因茨、明斯特、班贝格（Bamberg）和维尔茨堡，都在 17 世纪后期建立了武装力量，成为武装阶层，形成了与其他中型领地相当的财政 – 军事体制 [269]。在主教克里斯托夫·伯恩哈特·冯·加伦（Christoph Bernhard von Galen）统治期间（1650—1678），明斯特军队的规模甚至比大多数世俗诸侯领地的军队都要庞大，而主教也因喜好大炮而被称为"大炮主教"[195]。同样地，18 世纪中期世俗化威胁再度来临，促使许多教会诸侯进行内部改革，这与这些领地是迷信与落后之避难所的一般印象并不一致。选帝侯弗里德里希·卡尔·冯·埃塔尔（Friedrich Carl von Erthal）在 1774 年以后在美因茨实施的改革方案无所不包，从供养孤儿、建立新的教育制度，到修订刑法以及实行条件严格但初衷良好的济贫措施，涵盖了各个方面 [249]。

这些较晚进行的改革受到启蒙运动的启发，在一定程度上也是为了回击天主教和新教诸侯一致宣扬的"世俗化是实现善治的唯一途径"的观点。此外，借助天主教复兴的精神建立一个全国性的德意志教会的希望，再度在人们心中燃起，这也是教会领地改革的另一个动力。建立统一的德意志教会的努力到1787年时已经近乎失败，这一尝试不仅未能获得天主教和新教世俗诸侯的有力支持，甚至还导致了同教皇与皇帝的疏远 [43, 249]。无论是对德意志两大强邦来说，还是对中等领地诸侯来说，帝国教会始终是满足其小规模领土扩张野心的适宜之地。由于缺乏强大的盟友，在1801—1803年间的领地重组过程中，帝国教会沦为牺牲品，帝国传统结构的一个核心支柱就此倒塌，从而也加速了帝国的灭亡。与16世纪和17世纪以精心筛选的机构为目标进行的世俗化不同，这次是全面进行的。1803年的《帝国代表团最终决议》批准将所有教会财产世俗化，只是在多大程度上实施就要由每一个帝国阶层来决定。对金钱的迫切需求促使大多数帝国阶层充分利用了其新权利，这一次教会财产是被用于纯世俗的用途。文化生活因为主教图书馆被出售而大受其害，而教堂和修道院则被改造成了兵营或军工厂。

第八节　帝国意大利地区

尽管研究中世纪帝国的历史学家长期以来都意识到帝国与意大利北部之间有密切联系，但研究 1495 年以后历史时期的学者一直忽略了这一方面，只是从哈布斯堡王朝利益的角度来讨论这一问题 [242]。随着有关帝国是否应该被视为第一个德意志民族国家的讨论的展开，近来对意大利北部地区的兴趣日渐增多。长期以来阿雷廷的研究就在强调帝国意大利地区对于 1495 年以后历史的重要性，近期问世的一系列新研究也肯定了这一观点 [43；44；65；53—75；244；245；246]。

帝国意大利地区面积约有 6.5 万平方千米，包括萨伏依、米兰（Milan）、帕尔马（Parma）、皮亚琴察（Piacenza）、摩德纳（Modena）、曼图亚（Mantua）、托斯卡纳（Tuscany）、米兰多拉（Mirandola）等公国，热那亚（Genoa）和卢卡（Lucca）这两个城市共和国，以及几个小邦国。除了萨伏依，这些领地都没被纳入大区体系，也没有帝国议会的代表权；而萨伏依在上莱茵大区的成员资格也一直很脆弱，并且从 1714 年以后不再行使帝国议会的投票权。有其他几个邦国曾派出外交官向帝国议会提出要求，帝国议会在 18 世纪仍然在讨论意大利问题。晚至 1770 年，圣雷莫（San Remo）市自封为帝国城市，并且未经邀请就向帝国议会派去了一位使节。

这一地区与帝国本土的联系，并不仅限于它曾组成过与德意志王国并列的意大利王国。与德意志的领地一样，意大利领地也受到重重叠叠的封建关系网络的约束，皇帝是意大利地区共计 250—300 个大小封邑形式上的最高封建主。这是马克西米连一世从 1496 年起插手意大利事务以反击法国和西班牙入侵意大利半岛之举的基础。哈布斯堡家族于 1516 年取得的西班牙王位，令其地位大大增强，并帮助其在 1559 年战胜了法国。然而，查理五世对其王朝帝国的分割，使西班牙以其所占的米兰外加那不勒斯（Naples）、西西里（Sicily）和撒丁（Sardinia）为基础正式进驻帝国意大利地区。由此形成了三种相互竞争、在一定程度上又相互重叠的封建网络，这使西班牙在意大利地区的领地权力实现了合法化，并得到加强，与教皇和皇帝的影响力并列。从 17 世纪中期开始，西班牙对奥地利哈布斯堡王朝的日益依赖，构成意大利北部地区帝国复兴的基础。1706 年奥地利取得对米兰的控制，由此消灭了与之竞争的西班牙封建网络，并有助于与教皇封建网络的分割，从而加强了哈布斯堡王朝对意大利北部地区领地的控制，并一直持续到拿破仑时期 [44，113]。

尽管奥地利在 1718—1719 年间击败了试图恢复意

大利失地的西班牙，但哈布斯堡王朝的权力需要依赖意大利的支持，这与在德意志的情况如出一辙。正如1700年后通过授予普鲁士君主国王头衔，利奥波德一世在与法国和西班牙的战争中获得了宝贵的军事支持一样，他也被迫在两年后授予萨伏依公爵类似的头衔，以换取后者在意大利北部地区的支持。与普鲁士一样，萨伏依也在西班牙王位继承战争中大大增强了自身实力，尤其是在获得撒丁之后，其国际声望更是达到一个新的高度。萨伏依还充分利用皇帝在国际问题上面临的各种困难，在波兰王位继承战争（War of the Polish Succession，1733—1735）期间站在法国与西班牙一边，试图获得一部分奥地利所属米兰的领土。1735年奥地利的战败使它丧失了那不勒斯和西西里，二者后来组成了一个独立王国。此后，哈布斯堡家族只在意大利北部还拥有领地。不过，在最后一任美第奇（Medici）大公于1737年去世时，哈布斯堡王朝的外交官们利用皇帝的封建权利为王朝的一个小支脉获得了托斯卡纳。奥地利的意大利领地在战略上变得更加紧凑，并在奥地利王位继承战争期间（1740—1748）成功地抵御了法国和西班牙的入侵。1756年，奥地利与法国的结盟，使后者不再支持撒丁的扩张野心，并为1759年与西班牙实现最终和解铺平了道路。尽管协议名义上规定西班牙承认皇帝是帝国意大利地区的最高封建主，但真正得到承认的是奥地利在意大利半岛北半部的统治地位。

从 16 世纪早期以来，哈布斯堡王朝就已从其意大利封臣手中获得了财政与军事援助。在 17 世纪 90 年代以前，这一援助都是在请求之下提供的，而在此之后请求变成了强制要求。不过，重要的是，即便在皇帝因软弱无力而无法使用强制手段时，意大利人仍向他提供援助。在长土耳其战争时期（1593—1606），意大利人总计贡献了 50 万弗罗林。他们还在 1716—1718 年的奥斯曼土耳其战争中提供了 550 万里拉（lira）的援助。即便在 1793—1796 年的战争期间，他们仍然贡献了 50 万里拉 [246]。

不过，意大利与帝国的联系并不仅仅是增强哈布斯堡王朝权力的一种有效手段，从阿雷廷的研究中明显可以看出，就连约瑟夫二世这样一心追求帝国利益的人，也十分重视皇帝在帝国意大利地区肩负的传统责任。许多意大利人也十分重视这种联系。皇帝被认为能对教皇构成有效制衡，而在意大利北部地区享有管辖权的帝国机构，尤其是帝国宫廷法院，也收到越来越多的求助。意大利贵族也同样处于包含天主教德意志在内的普世文化网络中，而德、意重要的统治家族之间展开的王朝联姻，更是进一步加强了双方之间的联系 [243]。

这些有形与无形的联系随着法国在 1796 年占领伦巴第（Lombardy）而基本上被割断了。1797 年和 1801 年签署的两项和约迫使奥地利不仅要放弃自己的领土，而且也要放弃在意大利的帝国管辖权。具有象征意义的终结发生于 1805 年 5 月 26 日，那一天拿破仑加冕为意大利国王，戴上了古老的伦巴第铁王冠。奥地利在 1815 年收复了在意大利的失地，但不再让它们附属于新成立的德意志邦联。

第九节　领地绝对主义

本书自始至终都在强调，即便 1495 年之前领地化进程尚未成为帝国的一项主要特征，但在这之后，它已成为事实。考虑到领地化对帝国的最终命运和后来德意志历史的长期影响，它引起人们极大的关注并不让人意外。相当多的研究都是从绝对主义角度来讨论它。"绝对主义"这一概念一般是用来表示 17 世纪中期到 18 世纪末期西欧和北欧居于主导地位的王权形式，强调权力完全集中在国王一人手上，不受任何世俗力量的约束。

与一般意义的领地化一样，绝对主义的研究也存在相当多的问题。帝国领土构成的复杂性，使绝对主义的研究缺乏一种清晰的观念，而许多从教区史角度对"领地历史"（*Landesgeschichte*）的研究，也无助于对这一概念的阐释。这里存在着从狭隘的个案研究或是从大领地尤其是普鲁士的经历进行概括的危险，后者在早年普鲁士中心论的解释里体现得尤为明显。对强权国家的重视使这种研究通常把大领地视为进步的或近代的，而"小公国"（*Kleinstaaterei*）则作为顽固守旧的专制统治的避风港受到批判。

　　尽管存在这些困难，但传统研究将 1648 年以后的时期称为"绝对主义时代"（age of absolutism）并没有问题，因为这一名称符合帝国的一般模式，即作为一种空壳让大型公国从中崛起为独立国家。帝国具有持续的活力这一新认识，令人们对于这样一种与主权相关的术语的有效性产生了怀疑。1992 年，尼古拉斯·亨歇尔（Nicholas Henshall）提出了更重要的反对意见，认为这一术语对历史学家没有价值，因为它是自由主义者在 1823 年为了批评保守主义而发明的，描述的是一种在现实中从未存在过的君主制。在德国，海因茨·杜赫哈特利用亨歇尔的批评来反驳约翰内斯·库尼施（Johannes Kunisch）所谓该术语仍有可用之处的旧观点[267, 275]。这一概念的主要缺陷在于，它暗示统治者都是自觉的"国家建构者"，都会施行连贯一致的战略来加强其权威，并通过新设的、合理组织的机构来改造社会以符合其意志，以这种方式来巩固其权力。当然，近代早期没有君主采取过这种行动，但是，正如杜赫哈特所指出的那样，把所有的君主制都定性为"咨议性质的"，这一做法是不顾时空背景错误地追求同质性 [265]。

传统的世袭统治制度已普遍被新观念取代，后者强调要建立一种更不受个人影响的国家，一种超越统治者个人生活之上的国家 [261，276]。这些观念之所以可以被称为"绝对主义的"，不仅仅是因为除此以外没有更合适的术语，也是因为它们将君主的地位拔高，使其摆脱了最近 200 年里牢固确立起来的种种限制。它们宣称，只有君主才能真正做到公正无私，才可以凌驾于其幼稚的臣民们心心念念的蝇头小利之上。教派冲突使这些主张更具影响力，因为它表明，如果任由人民自行其是，他们会皈依各种离经叛道的、引发分裂的信仰。君主并非不受法律约束，仍然要在法律范围内自由决定何者才最有利于公共利益。三十年战争的压力为强调君主统治"必要性"的主张增加了紧迫性，这意味着如果形势需要，君主甚至可以凌驾于他与臣民共同制定的现行法律和协议之上。1648 年以后新出现的作为"领地主权"的诸侯权力概念进一步强化了这一主张，尤其是因为在领地主权出现的同时，领地等级议会等机构丧失了其重要权利。

因此，教派化和战争的双重压力改变了领地的统治方式。这些变化并非始终彰明较著，尤其是因为支撑诸侯权力的制度框架大体没有发生变化。旧的法律或特许状很少单方面被废除，等级议会这样的机构也没有被正式取消。相反，统治者如哈布斯堡王朝的君主们为应对来自这些机构的反对，会更换这些机构的组成人员。他们开始限制人事任命，只有接受天主教信仰从而证明了自己对王朝的忠诚的人才能获得职位。随着 1620 年波希米亚起义的失败，斐迪南二世可以将起义者被没收的财产分配给自己的支持者，这一政策也在加速实施。没有必要取消地方的等级议会，因为它们在 1627 年左右就会收到"更新条例"（revised constitutions）。虽然此后贵族绝非在消极服从，但其财产的主要部分现在掌握在区区 400 个由于支持皇帝而飞黄腾达的家族手中。与此同时，哈布斯堡宫廷也进行了机构扩张，为支持者提供了一系列大体上只是荣誉性的但地位尊贵的职位。在宫廷获得的影响力使贵族能够成为社会等级制度下地位较低者的庇护人，例如贵族可以为受庇护者谋取一官半职，或者影响司法审判。皇帝虽然无法随心所欲地操纵庇护制度，但其影响力也在显著增强 [253, 254, 259]。协商不再是与等级议会进行正式商谈，而是以非正式的庇护制形式进行。

即便是在那些没有地位显赫的本地贵族的领地，如符腾堡，同样的变化也在发生。在这些领地，等级议会直至 18 世纪晚期仍然有强大的影响力，但全体代表大会已让位于一个小型的常设委员会，在与公爵的枢密顾问们联系密切之人的主导之下行使代表权 [264，274]。等级议会继续反对统治者，尤其是在税收问题上，但它们已不再像 17 世纪早期黑森 - 卡塞尔的前辈那样公然反抗 [272：59-76]。尽管早期研究强调统治者与等级议会的冲突，或者把等级议会视作现代议会的前身 [250]，但更恰当的方式是把它们视作领地邦国整体的一部分 [247，268，270]。

近来的史学研究强调三个方面：第一，领地发展不仅具有重要的相似性，也具有多样性 [95]。第二，随着对其他中型领地的历史有了更全面的了解，以及对哈布斯堡领地认识的加深，所谓普鲁士的"现代性"或"独特性"应从相对的角度来看待 [256，257，258，277]。第三，学者们普遍再次强调帝国对于领地发展的重要性。帝国为传播对领地事务具有重要影响的观念，如官房主义（cameralism）[219]，以及为通过诸侯庇护带来的职业机遇而实现的人员交换，都提供了一种文化框架。此外我们还常看到，领地的帝国阶层地位为领地统治者的政策提供了合法性，统治者也能成功地取得上层机构和帝国法律对其政策的支持。不过，帝国仍然维持着传统的集体组织和机构，如领地等级议会，从而也对领地的发展施加限制。在领地与帝国互动交往中促进因素和限制因素之间平衡关系的存在，对于帝国的活力及其持续存在都具有重要意义。普鲁士和奥地利这两大具备独立生存能力的邦国的兴起，打破了这一平衡局面，使帝国出现动荡。18世纪90年代，其他较小领地，如巴伐利亚、符腾堡、萨克森，提出了要在欧洲国家体系内寻求自身独立位置的要求，这加速了帝国的崩溃 [195, 266]。

德意志领地邦国比帝国体系存在的时间至少要长一个世纪。部分学者认为 [49]，18世纪后期与"开明专制"[257] 有关的改革，使得大的领地邦国应对变革更为灵活、迅速；它们之所以能够成功挺过1789—1815年间的剧变，一定程度上就是因为它们通过有限的让步和吸收新兴社会群体进入统治阶层重建了其社会基础。正如对帝国法院的讨论所示，旧的帝国法律制度的遗产也对此起了作用，因为它促进了人们通过司法审查和行政审查来解决社会冲突。

第四章

民族与身份

第一节 爱国主义

"爱国主义"（patriotism）一词来自表示祖国的拉丁语单词"*patria*"，在帝国改革时期的人文主义著作中甚为流行。人文主义者发展了古典时代希腊与罗马以社会参与而非政治参与为特征的公民参与模式。一个真正的爱国者是利用个人的积极行动促进公共利益之人，是对既有权力结构进行增补而非提出挑战之人。1500 年左右出现了另一种定义的"爱国主义"，把自身同公民权和共和政体联系起来。考虑到帝国城市在身份等级制中的附属地位，以及瑞士邦联和荷兰共和国各自发展成为独立国家这一事实，这种更政治化的定义被认为无法在帝国盛行。对帝国的认同似乎被限定为"帝国爱国主义"（*Reichspatriotismus*），有关帝国阶层向皇帝尽忠的论述在 17 世纪和 18 世纪有关帝国宪政的冗长法律论文（帝国公法学，*Reichspublizistik*）中经常出现 [75，102]。

爱国主义经常被认为是民族主义的先驱。民族主义并没有一个被普遍接受的定义，但一般认为其范围比爱国主义更广，包含文化和种族等方面。作为一种"资产阶级意识形态"，民族主义通常与法国大革命和现代性联系在一起。19 世纪和 20 世纪的许多研究质疑德意志民族主义是否一直是它的倡导者所宣称的大众现象，并指出，无论到底存在何种情感，它可能都比 1813—1815 年反对拿破仑的解放战争来得要早。

关于近代早期的德意志人是否具有民族身份的问题，学界有三种答案。传统的回应认为，领地化阻止了民族国家的兴起。德意志人是一个"迟到的民族"（delayed nation），无法成为一个"政治民族"，只得到一个作为"诗人与思想家之乡"的"文化民族"的"安慰奖"，直到 1871 年俾斯麦才提供了必要的政治框架[41]。其他人认为民族主义并不适用于近代早期，尤其是因为教派化被认为产生了重要影响，带来了一种更强大的认同焦点[50: 5−62; 97: 55, 72−81]。格奥尔格·施密特在 1999 年提出了第三种视角。某种程度上，他将帝国限定在说德语的核心地区，认为这一地区的居民展现了一种政治性的"联邦民族主义"[63, 296]。施密特的用词可能会引发问题，但他表达了两个重要观点：第一，民族主义本身在变化，1600 年左右作为"德意志人"的决定性特征与 1900 年左右时并不相同。第二，帝国独特的政治文化使其居民构成了一个独特的民族，不管他们自身还是外界都有此看法。

这场争论的大部分问题来自有关"民族"（nation）和"德意志人"（German）的争议性定义。"nation"一词来自拉丁语单词"*natio*"，表示出生之意。在中世纪和文艺复兴时期人文主义者有关德意志性（Germanness）的讨论中就曾把出生地、语言和文化联系起来，但涉及的地理范围差异很大 [263]。"民族"可以被用于相对较大的地区，如奥地利和普鲁士，也可以适用于巴伐利亚等较小的地区，甚或单个社群，例如，18世纪的一位作家就曾描述了一个"维也纳民族"。大多数的德意志人首先认同的是家乡或领地 [286]。例如，当士兵被问及来自何方时，如果他们来自招募他们的领地以内，他们就会回答自己出生的城镇或地区；如果他们来自更远的地方，就会回答公国或帝国城市；而如果来自帝国以外，才会回答国家。

有太多的学者关注过15世纪晚期皇帝头衔中出现的"德意志民族的"（of the German Nation）这一附加语。官方文献中只采用"神圣罗马帝国"之名的次数比在其后添加"德意志民族的"的次数要多15倍，即便在16世纪中期以后这一附加语的使用也很罕见，而那时"神圣"一词也基本上被取消了。简写的"帝国"一语出现的次数比任何其他写法要多3倍 [298]。使用"德意志人"（German）一词时采取的是早期的拼写方式"Teutsch"，而非现代的"Deutsch"。这个词并没有明确的定义，但一般是指阿尔卑斯山以北和莱茵河以东的居民，实际上他们当中并非所有人都讲德语。语言只有在操不同语言者的互动中才能凸显其重要性。按照欧洲大陆被划分成不同国家而不是一个统一的基督教世界这一观念，法国人、荷兰人和其他国家的居民越来越多地使用"德意志"而非"帝国"一词，尤其是在 1648 年以后 [65：89—134]。在 18 世纪 60 年代的学术著作中，约翰·雅各布·莫泽（Johann Jacob Moser）①认为，哈布斯堡王朝割让给法国的地区不再属于帝国，而其他部分与帝国的关系则经常是模糊不清的。不过，他坚定地主张萨伏依、波希米亚、西里西亚和其他领地"属于德意志"[12：第1卷第46章]。对他及其大多数同代人来说，德意志兰（Teutschland）就等同于帝国，无论其居民操何种语言。

把帝国居民团结起来的是一种共同的政治文化，人文主义者在 1500 年左右就已非常清晰地阐述了这一文化。他们对古典时期的赞美催生了一股探源热潮，像梳理伟大统治王朝的谱系一样探寻欧洲诸民族的源流。语言只是区分不同民族的多种特征之一。通常人们更看重诚实、忠诚、勤劳等美德，尤其是在公元 1 世纪的古罗马作家塔西佗（Tacitus）所撰《日耳曼尼亚志》（Germania）被发现之后。这本书对古代日耳曼人多有

① 约翰·雅各布·莫泽（1701—1785），18 世纪德国著名的法学家，被誉为"德国宪法之父"。——译者注

肯定，将其描写为一个自由的战斗民族。这种"日耳曼自由"（*teutsche Freiheit*）的观念 [297] 比早先帝国译本中的思想有更直接的吸引力。16 世纪仍在宣扬帝国的普世使命，但主要是用来呼吁其他欧洲国家帮助帝国共同抵抗奥斯曼土耳其人。相比之下，自由的语言则服务于那些在 1500 年左右力图开展帝国改革和宗教改革者的利益。

宗教改革的确提供了一种可供选择的认同焦点，但是，它是否真正在帝国全境阻止了一种共同政治文化的发展却值得怀疑。随着查理五世在 1547 年击败了施马尔卡尔登同盟，诉诸上帝的更高权威这一举动不仅危险，而且吸引力也在下降。无论如何，新教政治并未对帝国构成挑战。路德号召摆脱"罗马的束缚"，不仅仅是因为在神学上他反对教皇权威，其目的也是打算要借此争取皇帝有权改革教会这一传统观点的支持，并且也与人文主义者对古代日耳曼人反抗罗马帝国的赞美相呼应。1555 年以后取得主流地位的新教融入帝国宪政，这充分说明帝国是如何保卫其多样化居民的独有特权的。1648 年以后新教作家在有关帝国宪政的法学讨论中起主导作用并不令人意外。除了莫泽 [12, 80] 以外，另一个重要的例子是约翰·斯特凡·皮特（Johann Stephan Pütter），他撰写了近百本有关帝国的著作 [22]，并且从

1746 年起担任哥廷根大学（Göttingen University）的教授。创建于 1737 年的哥廷根大学已迅速发展成为帝国法律教学的中心。

抵御共同敌人的经历也推动了对帝国的认同。传统的普世主义理想认为，皇帝应该与异教徒战斗，但要与基督教邻居们保持友好关系。1521 年以后与奥斯曼土耳其人的对抗依然是在此框架下加以理解的。三十年战争动摇了这些理想，因为它不仅是 60 年来皇帝与基督教敌人之间爆发的第一场重大冲突，而且也是在帝国内部进行的一场内战。所有参战方越来越多地诉诸作为中立框架的帝国宪政，他们可以借此解决分歧。事实上外国入侵者也倡导这一做法，都声称他们的干预只是让帝国恢复其"真正的"状态 [295]。1657—1660 年间和 1675—1679 年间反对新教瑞典的战争，以及 1672 年开始反对天主教法国的战争，进一步巩固了对作为"德意志祖国"（teutsches Vaterland）的帝国的认同。对奥斯曼土耳其人的恐惧以及早期新教徒对据认为是查理五世造成的"西班牙奴役"这一危险的抨击，已被对法国的恐惧取代 [299]。这种外国恐惧心理是视情况而产生的，远不及后来的仇视那么严重。即便在 18 世纪早期，德意志诸侯们也可以在将法国描述为帝国之"宿敌"的同时，仍然模仿法国的时尚与文化。

　　1740 年，奥地利与普鲁士的竞争开始公开化，为帝国认同增加了一种新因素 [287]。虽然南北政治分裂一时之间激化了教派矛盾，但普鲁士的宣传将这种政治冲突描述为宗教战争并无说服力，尤其是当弗里德里希二世在七年战争时期进攻信路德宗的萨克森和梅克伦堡时。普鲁士在那场冲突中得以幸存，与弗里德里希二世悉心塑造其开明君主的形象类似，这具有无比重大的意义。普鲁士成为第一个令人信服的选项，可替代人们长期以来效忠的哈布斯堡王朝和帝国机构，尤其是 1763 年以后普奥竞争的持续进行使得有关何者才是真正的"德意志祖国"的讨论进一步深化，普鲁士的吸引力也日益加强。

　　语言与文化问题现在比在 16 世纪的人文主义那里更加突出，也比在 17 世纪努力发展更具特色的"德意志"写作形式的文学与诗歌社团那里更加重要。从 18世纪 20 年代开始，新社团纷纷诞生，致力于发展一种更纯粹的德语。1757 年以后，七大主要的诸侯宫廷都关闭了其"法国剧院"，以"民族的"剧院取而代之，并且还发展到了汉堡等主要城市。天主教地区也加入了这一行动，赞美诗集和学校的《圣经》都采用德语而非拉丁语发行。到 1800 年时，形势与三个世纪之前颇为类似，只是现在帝国改革的问题是与塑造新型民族的而非基督教的生活方式相关。

与之前的改革时代一样，关于如何实现这一目标的意见分歧严重。对于有些人，帝国似乎过于世界性和分散，无法实现众所期待的团结统一；而普鲁士的吸引力又有限，并且可以确定的是，统治普鲁士的霍亨索伦王朝提高普鲁士影响力的目的并非要取得皇帝头衔。这样的呼声霍亨索伦王朝已拒绝过多次，即便后来拿破仑要授予它一个新设的北德意志皇帝头衔，它也没有接受 [74；35—37；120]。1770 年左右，随着一种新的思想文化运动即浪漫主义的发展，不满的情绪也在增长。浪漫主义运动想用一种以所谓共同的语言和种族为基础的文化意义上的德意志（*Deutsch*）取代政治意义上的德意志（*Teutsch*）。在 1761 年，七年战争激战正酣之时，托马斯·阿布特（Thomas Abbt）出版了一本名为《为祖国而死》（*Death for the Fatherland*）的小册子，阐述了一种极端的浪漫主义思想。他对各种美德重新进行排序，将为民族献身列在首位。一小部分浪漫主义者开始主张在祖国获得新生之前，帝国必须死。回想起来，这一观念真正获得更大的影响力，是通过一种更极端的民族主义史学研究而实现的，其典型代表就是特赖奇克。这种研究认为，在建立一个普鲁士领导下的德国的过程中，帝国是一个障碍 [37]。不过，即便在 1800 年左右，对于大多数帝国居民而言，将其珍贵的地方独立性并入一种统一的"血与土"身份的想法，仍难以接受。他们赞扬帝国是最适合"德意志人"性格的，因为它在一个共同的框架内维持着他们各具特色的家乡以及巴登和巴伐利亚这样弱小的祖国 [278, 279, 285, 291]。

到目前为止的讨论都是集中在"德意志"民族主义问题上，现在应该要考察一下其他民族在多大程度上对帝国予以认同。尽管有着不同的语言和文化，但帝国境内 10 万名犹太人大多自称为"帝国臣民"（*cives Romani*），并以不同方式加以确认，如把"帝国之鹰"这样的标识放在宗教物品如《妥拉》封面上，以及为皇帝祷告 [158: 442-443]。波希米亚人的态度似乎有所不同，但捷克人身份认同历史的书写方式意味着我们很难了解他们如何看待帝国。在卢森堡王朝统治时期，波希米亚是帝国的中心，但该王朝有意提高波希米亚的自治权以加强其自身相对于其他诸侯的地位。胡斯起义进一步增强了波希米亚的独立性，使其被排除在大区体系之外。哈布斯堡王朝在 1526 年获得波希米亚王国之后乐意延续这一独立性，因为它会强化哈布斯堡世袭领地的自治权。培养爱国主义的措施重点在于效忠哈布斯堡王朝及其所支持的天主教。同样，捷克人身份的发展很大程度上是一个反抗哈布斯堡王朝的过程，而非与帝国建立联系的过程 [101: 169-178]。

　　瑞士与荷兰身份的形成较为缓慢，只是在实现了政治独立之后的某个时间才摆脱了帝国的影响。荷兰人利用了勃艮第遗产，它直到18世纪90年代仍属于广泛的帝国文化的一部分。勃艮第金羊毛勋章（Burgundian Order of the Golden Fleece）仍然是最尊贵的哈布斯堡荣誉，王朝要晚至1808年1月才设置了新的利奥波德勋章（Leopold Order），以与其新获得的世袭皇帝头衔[1]相匹配。荷兰人反抗的是西班牙哈布斯堡王朝的统治，而不是帝国。然而，起义军领导人皈依新教意味着他们也反对信仰天主教的奥地利。从16世纪80年代开始，荷兰人致力于以各种办法来巩固新生的共和国，受此影响，共和国的支持者们开始强调其源头在于"巴达维亚自由"（Batavian freedom）；与日耳曼自由的观念类似，这也是来自人文主义者对该地区古老历史的解读。16世纪90年代，有些荷兰省份再次强调其帝国成员的身份，希望皇帝鲁道夫二世能够保护它们免受西班牙的侵犯，但为时已晚。皇帝无力同其西班牙表亲展开斡旋，这使帝国的吸引力进一步下降，荷兰也日益自视为一个独立的共和国。西班牙最终在1648年5月承认了荷兰独立，但荷兰与帝国以及个别领地的联盟一直延续到

---

[1] 此皇帝乃1804年成立的奥地利帝国的皇帝。——译者注

1795 年法国入侵导致共和国瓦解之时 [281]。

瑞士人也是只反对哈布斯堡王朝，不反对帝国。与许多其他族群一样，他们拒绝接受 1495 年沃尔姆斯帝国议会所达成的集体安全与冲突解决机制带来的负担。不过，他们在地理上难以接近，军事上又勇猛无畏，成功挫败了 1499 年哈布斯堡王朝试图对其建立管辖权的行动，使瑞士人逃过了其他人因拒绝成为帝国阶层而遭受的命运。瑞士人仍自视为帝国的一部分，只是此帝国在其观念中乃普世性帝国，而非领地帝国，因此他们仍将"帝国之鹰"的标识添加到瑞士邦联和几个州的纹章图案中。他们还通过邦联的许多非正式成员继续维持着与帝国的联系，如阿尔萨斯的米卢斯（Mulhouse）和施瓦本的罗特韦尔（Rottweil），它们仍保持着帝国城市身份。在这一方面，《威斯特伐利亚和约》仅对巴塞尔做出了清晰的规定，使其免受一直保留至 1648 年的帝国管辖权的约束 [73]。因此，瑞士的独立并非一蹴而就，而是随着 1600 年以后一种更明确的独立身份的发展在缓慢进行。到 1700 年时，许多瑞士作家强调要实现政治独立，旧的帝国盾徽也逐步从其市政厅的墙壁上被清除。18 世纪出现了一种新的赫尔维蒂（Helvetic）文化身份，把瑞士邦联内说法语和意大利语的居民也囊括了进来，并消除了从 16 世纪 20 年代以来就存在的教派分裂 [296]。

最后，意大利人的忠诚取向也是多种多样的，与德意志人颇为相像，也取决于其母邦的特点。生活在热那亚等大型邦国的意大利人并不看重与帝国的联系，帝国被他们称为"德意志帝国"（*Imperio di Germania*）。小领地的居民则更看好他们眼中的所谓"罗马帝国"（*Imperium Romanum*），它可以保护他们的权利免受有可能掠夺他们的强邻的侵犯。对他们来说，与大多数操德语者一样，帝国提供了一种保护其独特身份的途径。帝国之所以具有吸引力就是因为它也很遥远。那些更邻近的强权越来越频繁地提出高额税收的要求，或者试图要限制甚至取消其特权，而帝国则保持着仁慈的中立。城镇、乡村、行会、宗教团体以及其他团体都在反复请求帝国机构的帮助，它们并不期待能得到实际的援助，而是希望帝国能为其特权提供合法性。例如，科隆盐商协会在 1578 年 5 月请求鲁道夫二世确认一项古老的专利权来"对抗公海上的海盗"，尽管由于没有帝国海军，皇帝也无法提供实际的保护 [158：476]。

第二节　沟通领域

沟通对于帝国的运行至关重要。它是缩小巨大的物理距离和教派分歧的唯一方式，也是在缺乏一个强大的中央政府时促成共同行动所必需之共识的唯一方式。对于帝国沟通问题的讨论是法兰克福批判理论家于尔根·哈贝马斯（Jürgen Habermas）在 1990 年左右激发的"公共领域"大辩论的一部分。哈贝马斯认为，近代以前政府与臣民之间的沟通是完全单向的。统治者设计了一种慷慨的"代表制文化"（representational culture），以便让臣民相信官方政策的合法性，借此统治者投射出一种无所不能的光环。臣民只能服从或是通过抗议表达反对。资本主义的兴起催生了一种独立的"资产阶级公共领域"，在 18 世纪晚期，据称在法国大革命的影响下，该领域从讨论经济和文化问题转变为讨论政治问题。后来的研究发现了广泛的证据，表明早在 18 世纪之前，社会上下就在议论政治问题。事实上有许多讨论是官方进行的，也只允许其他政府进行，不过仍然有许多作者认为在诸侯宫廷这一狭窄的世界之外存在着一个广泛的"公共舆论"领域 [292；299；552—553]。

针对作为一种政治结构的帝国具有现代性的主张，沃尔夫冈·贝林格（Wolfgang Behringer）提出了一种相对应的观点，认为帝国在一个其他地区以庇护制和随意性为标准的时代建立了一套完整的网络和行为准则，开创性地成为"所有其他沟通革命之母" [289；42]。其中最核心的就是图尔恩和塔克西斯（Thurn und Taxis）家族

111 从 1490 年开始运行的帝国邮政服务，以马匹接力的方式将穿越帝国的时间从 30 天减至 5 天，这一速度直到 19 世纪 30 年代随着铁路和电报的普及才被超越。邮政服务提供了一种快速、可靠的分发方式，使商业化的印刷媒体发展成为可能，从而让更多的人能够接触到宗教与政治改革。

随着帝国居民展开对路德挑战教皇权威及查理五世当选皇帝等事件的讨论，德意志出版的图书数量也从 1518 年的 150 种跃升至 6 年后的接近 2000 种。查理五世曾经是以传统的方式寻求支持，派出使节去游说每一位选帝侯；但他在 1520 年抵达帝国时，也充分利用新媒体寻求人们支持其在意大利进行的战争。后来问世的出版物纷纷歌颂其英雄事迹，例如，1535 年对突尼斯（Tunis）的远征，或 1547 年的米尔贝格战役。然而，在施马尔卡尔登战争时期，他在新教徒的反宣传中遇到了一个强劲的对手，使得战争时期共出版了超过 150 种小册子来讨论这场冲突的合法性。后来，所有的重大事件都伴随有热烈的公众讨论 [17, 18]。领地化阻碍了审查制度的发展，推动了舆论多元化，使帝国既成为讨论的主题，也成为讨论进行的渠道。识字水平很难评估，但毫无疑问，随着宗教改革的进行而在上升，而且不仅仅是在新教地区。不同领地之间有显著的差异，有的领地识字率比英格兰和法国都要高出很多，不过，到 1800 年时，也许只有四分之一的德意志人能够阅读。

与帝国机构的接触传播了有关帝国的知识，即便是那些无阅读能力之人也能接收到。帝国法院的诉讼意味着经常要对普通人进行审问，律师会询问他们是否能够理解管辖权纠纷中的"领主权"或"领地"等术语。许多证人被迫承认不了解细节要点，但依然可以解释帝国诸侯身份的意义，也能理解作为许多公国之故乡的帝国这样的概念 [65：48-49]。帝国税收的发展，以及为皇室定期举行的祷告，进一步提高了这种意识。事实上，1750 年弗里德里希二世禁止在其领地上举行祷告时将皇室放入祷词中，这是让人们把忠诚集中在作为替代的霍亨索伦王朝身上的战略的一部分。

最早定期出版的报纸出现于 1605 年左右，三十年战争爆发后报业发展迅速。到 1700 年时，至少有 200 种不同的报纸在 80 个城镇发行。大多数很快就倒闭了，但 1720 年时有 65 种不同的报纸卖出了 3.5 万份，80 年后定期发行的报纸更是超过了 200 种。德意志的报纸充斥着有关帝国的消息，经常刊登帝国法院的审理记录或帝国议会的议事记录 [23，142]。报纸总发行量很可能超过了法国，但比英格兰要少。不过，英法的报纸主要集中在伦敦和巴黎发行，而相比之下帝国报纸则是均衡分布在帝国全境。其他文学体裁也在繁荣发展，到1800年时帝国出版的小说数量是法国的2倍多。领地化创造了大量的地方市场，推动帝国产生了各种类型的作家，多达7000人左右，而法国只有3000人左右。

不过，教派仇恨和政治竞争不利于帝国充分整合成为一个单一的沟通领域。各种分裂日益加剧。到1650年时，帝国的140家出版机构尚能在南北之间平均分布；而到1750年时，187家商行有三分之二在北方。莱比锡帝国集市在1594年开始出售图书，而得益于萨克森施行宽容的审查法律，到1680年时其规模就超过了法兰克福。到18世纪后期，柏林成为第三大图书交易中心。七年战争以后，北德意志书商不再谋求获得帝国出版特许经营权，因为普鲁士或萨克森的特许权更适合北方市场。这些分裂使当时的人感到不安，尤其是约翰·雅各布·莫泽的儿子弗里德里希·卡尔（Friedrich Karl），他就抱怨存在"两个祖国"，一个是新教德国，一个是天主教德国。人们试图让德语拼写标准化以克服这种分裂状况，并实现文化统一。事实上，跨越教派和政治边界的图书贸易仍在发展。例如，由于南方出版的图书因为天主教色彩过于浓厚而遭到北方消费者的抵制，南德意志的书商们回应的办法是非法翻印北方图书在南方销售，通常会删减或修改部分段落以吸引天主教读者。颇为讽刺的是，南德意志人还获得了其北方竞争者们不愿劳烦去更新的帝国特许经营权以保护这一做法 [67：36–41]。这样的证据表明最好是将帝国的沟通看作对其宪政结构和身份意识的体现：一种无所不包的架构维持着多样化的、相互交叠的沟通领域。

第三节　象征主义与仪式

由于20世纪80年代以来史学研究中发生的所谓"文化转向"，学界日益认识到象征主义与仪式的重要性。文化转向提供了一种越过事件史去研究人们如何理解事件以及有哪些信念和观点影响其行为的方式，而如果完全依据后来的看法来观察，这些行为经常会让人感到不合逻辑。目前已有学者在关注帝国的物质文化和图像 [294]，以及在帝国领土上四处存在的帝国宪政的物质表现形式 [52] 及其对帝国政治文化的意义 [105]。

中世纪帝国最突出的地方是主教宅邸和修道院，它们是皇帝与廷臣在巡游途中的落脚之处。即便已有几个世纪未曾有皇帝到访过，但到18世纪时，这些地方仍然保留着装修得富丽堂皇的礼仪专用房间，又称"皇帝套房"（Kaisersäle），因为它们象征着教会领地与帝国之间的亲密联系。帝国统治改为以自治的王朝领地为基础，这也改变了帝国的"所在"。哈布斯堡王朝分裂为不同分支使得有必要维持多个"定居城市"（residence towns）即首都，包括格拉茨（Graz）和因斯布鲁克（Innsbruck）；但可以很清楚地看到，到1500年时，维也纳才是最重要的首都，只有鲁道夫二世时期由于偏爱布拉格才临时中断过。维也纳因而成为依附于皇帝的各项机构和活动的所在地，如帝国宫廷法院和分封仪式。它也是一个重要的外交中心，到1700年时，多数重要诸侯都在这里派有常驻代表 [252]。地方的居民们也将维也纳视为皇帝的家乡。谋求职位、晋升或法律平反的人们纷纷涌入哈布斯堡首都，甚至有些旅店专门负责为众多的农民代表团提供住宿。

与此同时，常规的机构和活动则是以帝国城市为基础。帝国议会总是在西部和南部地区的某一个帝国城市开会，莫拉夫称这些地区为"接近国王"的地区。奥格斯堡在16世纪受到青睐，承办了三分之一的会议，但1594年以后帝国议会就一直固定在雷根斯堡。奥格斯堡仍然在1618—1622年期间建造了一个令人印象深刻的新市政厅，希望能再次举办帝国议会的会议。而许多城市则仍保留着配备有皇帝名录和肖像画廊的皇帝套房。其他城市则举办大区议会的会议，只有下萨克森和上萨克森大区例外，那里几乎没有帝国城市，因此是在诸侯的定居城市召开会议。法兰克福是帝国审查委员会的所在地，还主办过 1555 年以后的帝国代表团会议，以及 1631 年之前为解决教派矛盾而召开的临时会议。皇帝的加冕仪式也在法兰克福举行，由于是在美因茨选帝侯的大主教区举行，所以由他来主持仪式，这使他获得了尊贵的地位。加冕礼起初是在罗马举行，但与皇帝的冲突削弱了教皇参与的重要性；而教皇最后一次为皇帝举行加冕礼是在 1530 年的博洛尼亚（Bologna），原因还是查理五世战胜了教皇克莱芒七世（Pope Clement VII）。1562 年以后法兰克福成为新的加冕礼举办地，其依据是马克西米连一世在 1508 年曾单方面宣布当选皇帝即位可以不需要教皇参与。

帝国城市也负责存放与皇帝头衔有关的遗物与象征物。亚琛（Aachen）曾经是加洛林帝国（Carolingian Empire）的中心，查理曼的石制御座和大部分遗骨都存放于此。皇帝巡游时都会随身携带皇冠和其他皇权象征物，直到 1422 年时它们被交给纽伦堡保管，亚琛为此还提出过抗议。1796 年，它们被奥地利人移走以免落入法国人之手，至今还保存在维也纳的国库中。帝国枢密法院也曾在 6 个城市之间来回移动，最终于 1527 年在施派尔固定下来。1689 年由于面临法国的进攻，它又从施派尔撤离，次年在韦茨拉尔（Wetzlar）恢复设立，1693 年再度开始正式运转。其他城市曾拒绝接纳它，因为法院人员不受地方管辖，但韦茨拉尔的居民们逐渐意识到请愿者和律师可以带来额外的生意。

　　诸侯定居的城市已被当作领地化的焦点来研究，但也应该把它们视为帝国阶层所在地。更加刚毅自信、绝对主义的统治方式改变了它们的地位，因为诸侯们为了使自己远离等级议会而在首府以外建造了新的宅邸，或是建造全新的城镇，如 1704 年建造的路德维希堡（Ludwigsburg）以及 1715 年建成的卡尔斯鲁厄（Karlsruhe）。对地位的竞逐催生了耗资巨大的建筑方案，例如选帝侯弗里德里希三世为了谋求普鲁士国王头衔而对柏林进行了改造。诸侯主要的定居城市凭借其自身地位而成为重要的政治中心，尤其是在 1648 年之后，外国使节定期访问这些城市，反映出帝国政治的国际化。宫廷都装饰有诸侯的纹章图案，以及权力与美德的通用标志。1806 年之后，这些都被吸纳进来，用在了后继国家的旗帜与徽章上，并且在很多情况下，继续存在于今天德国 16 个联邦州（Bundesländer）的纹章图案中。我们很容易认为，它们的存在只是象征着德意志历史上的联邦制因素。然而，它们也与帝国的身份等级制有关，例如，利用这些纹章图案来表明统治者是选帝侯还是一般诸侯。有些则与帝国有更直接的联系，例如，围绕着展示"帝国掌旗官"盾徽的特权，符腾堡和汉诺威之间就产生了长期争执。

还有其他图像象征着作为整体的帝国。有一幅画现在基本已被遗忘，但在 1500 年左右却非常著名，那是一幅展示"皇帝气派"的画，以理想化的方式刻画了皇帝坐于宝座之上、选帝侯在四周环绕的场景。它出现于讨论帝国或帝国法律的图书扉页之上，象征着皇帝与帝国合为一体 [105: 55—60]。黑色的帝国双头鹰名声更大，现在依然醒目地存在于阿尔巴尼亚的国旗上。鹰在古代是权力的象征，被古罗马人用在军团旗上。中世纪的皇帝在其个人徽章上使用了单头鹰图案；不过，在 1220 年开始以双头鹰形式出现，并在 1433 年被正式采用，象征着皇帝既拥有皇帝头衔，也拥有德意志国王头衔。鹰头周围的光环代表着帝国在上帝神圣计划中的位置这一虔诚的因素。

双头鹰被广泛展示在帝国城市的盾徽和军队的军旗上，包括部分大区动员起来的小分队以及皇帝征召的帝国军团所持的军旗。从 15 世纪 90 年代开始，它经常与其他符号一起使用。例如，一棵树代表社会等级制，而柱子则意味着团结、和平和公正。《金玺诏书》就将选帝侯称为"帝国支柱"。女性形象被用来表示美德，如"日耳曼尼亚"（Germania）主要象征和平而非德意志。在国外活动的德意志人也使用双头鹰符号，例如，汉萨同盟的商船旗帜上或意大利大学里德意志学生会的徽章上都出现了它的身影 [19, 294]。1806 年以后它继续代表着共同的祖国，被 1848 年法兰克福革命议会采用，只是去掉了鹰头周围的光环，并且是跟红、黑、金三色旗帜共同使用。三色旗在 1919—1933 年魏玛共和国时期以及 1949 年以后继续使用，只是这两次都是凭借着其与 1848 年共和主义而非帝国遗产的联系。今天所采用的图案是黑色单头鹰，虽然会令人想起霍亨索伦王朝自 1618 年起使用的图案，但已经去掉了象征王权的宝球和权杖。

与此同时，哈布斯堡王朝于 1804 年取得新的世袭皇帝头衔后也继续使用双头鹰。这一次的特色在于，双头鹰之上立有鲁道夫二世从 1602 年开始佩戴的个人所用皇冠。这顶皇冠在 1804 年以后为哈布斯堡皇室共用，只是此时皇帝继承皇冠已经取消了加冕礼；这与普鲁士国王类似，他们也废除了在首次取得国王头衔后于 1701 年就开始组织的特别盛大的加冕仪式。另外，神圣罗马帝国的盾徽上面也有一个独立的皇冠图像。尽管人们都称它为查理曼的皇冠，但最有可能是在 962 年左右为奥托一世定制的，无论如何都显然比欧洲任何其他王冠要古老得多。其他的皇权象征物也都具有悠久的

宗教与政治的联系。例如加冕仪式上所用的查理曼《圣
经》，这是查理曼真正用过的，以及其他各种各样的遗
物，如一个据说是来自基督受难的圣十字架的碎块，还
有一把据说是从侧面刺穿了基督身体的长矛。

　　拥有这些象征物对于哈布斯堡王朝的自我认知来
说至关重要，即它比德意志所有其他王朝的地位都更
高，并且在欧洲王室中占据着独特位置。这也为一个以
从 1282 年开始就在哈布斯堡王朝统治之下的奥地利为
基础的、更有凝聚力的王朝身份的发展提供了支撑。尽
管波希米亚和匈牙利都是王国，但其贵族一直都对哈布
斯堡王朝将这两个王国当作世袭领地持有异议，而这些
争论要分别到 1627 年和 1687 年才止息。与此同时，卢
森堡家族则将哈布斯堡家族从 1356 年《金玺诏书》所批
准的、精选出的选帝侯集团中排除出去。哈布斯堡家族
的应对措施是在三年后伪造了一份文件，即《大特权》
(Privilegium maius)，宣称这是一份帝国敕令，要独家授
予哈布斯堡家族大公身份，这使其获得与选帝侯并驾齐
驱的身份，只是不能行使选帝侯的政治权利。这份文件
在 1453 年得到了皇帝弗里德里希三世的正式确认，直到
1852 年骗局才被揭露。1623 年以后，由于哈布斯堡家族
实际控制了皇位，将奥地利大公国提升至王国地位的定
期尝试就因毫无必要而终止。皇帝马克西米连一世巧妙

地利用新媒介将哈布斯堡家族宣传为特洛伊人（Trojans）的直系后裔，比罗马人的历史还要古老，因而完全配得上他们追求的这一高贵职位 [280, 283, 284]。

第四节　帝国身份的遗产

117

人们对帝国的看法可以从他们对帝国灭亡的反应得到证实。传统观点认为，帝国消失的时候"无人注意也无人悲伤"，今天仍有人持这样一种看法 [41: 45—46; 65: 290]，但其立论基础是对脱离了背景的若干名人评论的选择性阅读。例如，黑格尔关于德国已不再是一个国家的悲叹直到很久以后才被发表，而且是一篇长篇大论的一部分；而这篇文章虽然的确注意到了帝国宪政的缺陷，但最终结论依然认为它最充分地体现了德意志人的性格。他很少提出具体的改进建议，少有的建议是要求进行相对较小的改革，如授予帝国骑士在帝国议会的投票权。

与 1802—1803 年进行的帝国重组引发的热烈讨论相比，这种相对平静的声音并没有被当时人注意到。尽管帝国机构和文化在 1803 年时仍在运转，但三年后法国对南德意志地区的入侵还是摧毁了它们。弗朗茨二世退位两个多月之后，法国军队就在耶拿（Jena）战役中击垮了被大肆吹捧的普鲁士军队，终结了北方的中立地带，使拿破仑能够完成对德意志的改组。在这种形势下，公开发表意见是危险的，纽伦堡的图书销售商约翰·菲利普·帕尔姆（Johann Philipp Palm）于1806年8月26日遭法国士兵仓促枪决时才意识到这一点。帝国的继任政府也很紧张，既担心民众的反抗，也担心法国的干预，因而实施了严格的书报审查制度。接下来的九年几乎一直都处于持续的动荡和战争之中，因此，毫不令人意外的是，对帝国命运的讨论直到19世纪20年代随着主要的参与者们出版回忆录才开始出现。意见的分歧主要取决于作者在其间的个人境遇 [290]。

与此同时，事实证明，面对拿破仑不断提出的德意志人力要求以及国家边界的持续变动，旧的政治文化已难以维系。最后一任美因茨选帝侯卡尔·特奥多尔·冯·达尔贝格（Karl Theodor von Dalberg）帮助拿破仑组织成立了莱茵邦联，误以为这会保护帝国免受奥地利和普鲁士的影响。达尔贝格为莱茵邦联制订的宪法草案仍然保留着旧帝国的许多内容，包括在雷根斯堡召集议会，而代表权按照身份来分配。这一草案在其他参与莱茵邦联的诸侯那里并没有引起积极回应，他们担心这样的机构会使拿破仑获得更多的控制权，而达尔贝格的提议最终也并没有付诸实施 [101：227-246]。尽管如此，达尔贝格帮助确保了1806年之后的领土交换遵循1803

118

年确立的原则，迫使继任政府对前任留下的人员和债务承担起责任。

瑞典等国认为弗朗茨二世的行为不合法，主张作为皇帝他有退位自由，但他不能在未经所有帝国阶层同意的情况下解散帝国。小诸侯和其他在 1801 年以来的领地重组中遭受损失者在 1814—1815 年召开的维也纳会议上展开游说，要求恢复帝国。这一诉求遭到拒绝，但维也纳会议成立的德意志邦联，作为帝国替身，与旧秩序倒颇有几分相似。就像 1648 年以后的帝国一样，德意志邦联也与一项旨在阻止任何大国支配中欧的国际和约联系在一起。奥地利获得永久的主席国身份，而邦联议会则由成员邦而非其民族指派代表参加。成员邦与邦联之间礼貌性地划分了职能，例如，成员邦需要在战时派出士兵共同组建一支邦联军队。被归并的诸侯在其原来的领地上仍然保留着一些较小的管辖权，但在 1848 年革命时期彻底失去了这些权力。有至少 3 位前帝国枢密法院法官在成员邦中担任司法大臣（justice minister），包括普鲁士；而前帝国议会的使节们则成为外交官，并任职至 19 世纪 40 年代。

这种延续性并非只是"把时钟回拨"到拿破仑时代之前的反动行为。19 世纪政治的思想来源不仅有启蒙运动和法国大革命，也包括帝国。像黑格尔一样，许多人没有办法设计出更好的方式来治理自己的家乡。然而，帝国很快就失去了热情的支持者。在人民看来，以前的帝国骑士和伯爵无法同更年轻的解放战争的英雄们展开竞争，后者正体现了阿布特所表达的理想。近代早期的帝国在时间上距离太近，其历史的争议又过大，无法满足任何 1815 年以后议程的需要。作为替代，民族主义者把中世纪帝国浪漫化，它比被指责造成了德意志分裂的独立领地更早产生。在这一浪漫想象中，皇帝是一个相对遥远的形象，仁慈地主宰着一个仍高度等级分化并抱持强烈地方身份的社会。并没有实际的证据表明大多数德意志人想要用这些地方身份来换取一种唯一的德意志性，而 19 世纪后期培养一种更统一的民族主义的尝试，在地方、社会与宗教问题上的特殊主义面前也以失败告终。

第五章

结　论

人们对神圣罗马帝国重新燃起的兴趣一直未曾中断，并坚定地将它放回到历史研究的日程上 [61]。更重要的是，不再是只有狭窄的宪政史研究关注它，它对其他历史研究方法的重要性无疑也已得到了证实。尽管在现实中从未与其自身的宪政理论保持过一致，但帝国既非行将就木，也非与其居民生活毫不相干。它为多种政治文化的兴盛提供了框架。这些政治文化并不都是进步的，也不都是反动的，实际上包含着许多经常相互矛盾的成分，这在本书第一章已有阐述。因此，如果只是关注帝国衰落的阶段，或是认为它偏离了欧洲发展的某种正常轨道，都不可能勾画出帝国的政治发展过程。此外，我们也不能简单地将帝国的政治史归纳为一个衰落中的中世纪君主制理想与一种据说是绝对主义所固有的充满活力并推动近代化发展的动力相互竞争的二元模式。旧有的代议制政府形式并未被绝对主义取代，而是以领地等级议会和帝国议会等帝国机构的形式继续存在下去。

帝国也远未能摆脱对其他地区发展造成影响的压力，只不过帝国机构和各成员领地经常采取不同的应对之策。与其他欧洲国家一样，帝国不仅要应对外部军事威胁、处理公共秩序问题、解决社会冲突和宗教冲突，还要利用各种手段来维持其生存。然而，这些压力并未使帝国的政治发展走上一条与其他欧洲国家相同的道路。君主集权统治依然存在, 尽管很大程度上转移到了诸侯领地的层面, 但直到进入 17 世纪, 它依然有可能以"帝国绝对主义"的形式成为一种新的选择。17 世纪之后, 协调领地之间行动的需要依然能够加强皇帝的地位, 因为他依然是各领地追求共同政策时明显的焦点。诸侯集权统治加强了大领地的内部凝聚力, 也加强了帝国内部的联邦主义倾向, 因此, 长期来看, 削弱了传统的等级制结构。诸侯间的联盟避开了帝国宪政体系, 推动帝国朝着一种由对等的邦国组成的更为松散的联合体方向发展, 例如莱茵邦联和后来的德意志邦联。但正如我们所见, 联邦主义也包含巩固帝国宪政体系、阻碍领地化的因素。例如, 大区联盟运动就包含联邦主义因素, 并能保证弱小的统治者在帝国政治中发挥积极作用, 从而延续着帝国宪政体系的生命。民众形式的联邦主义和贵族形式的联邦主义也减缓了诸侯权力的增长, 在帝国历史的重要阶段都是备选的政府形式, 尽管在帝国内部并未实现过, 但在成为独立国家的瑞士邦联和荷兰共和国身上得到了体现。

　　现在可以正当地像阿克塞尔·戈特哈德那样认可普芬多夫把帝国刻画为一个"怪兽"的做法, 只是要把它理解为一个独一无二的、把各种看似相互矛盾的因素结合起来的"混合制国家"(*status mixtus*) [50：7]。如莫

泽所论，帝国是"以德意志的方式被统治的"[12：第1卷
第550章]。它确实只"在部分程度上实现了现代化"，但
其他欧洲国家也是如此。我们同意格奥尔格·施密特所
说，政治组织不要为了具备国家资格而顺从一个单一的
定义，也不要遵循相同的发展道路。确实，有些现代国
家仍然是复合型的，如联合王国，有不同层级的公民身
份，在苏格兰和北爱尔兰有不同的法律，其四个组成部
分还都有不同的代议制度。重要的是不要将帝国历史写
成了赤字清单。当下围绕着术语的讨论有可能会使我们
看不到真正的洞见，尤其是以下这一认识，即制度发展
的辅助性特征使帝国能够在缺乏一套高度中央集权化的
基础结构时依然能够运转。

　　本书第二章已指出，只要这些多样化的政治发展
不打乱帝国内部各组成部分之间的平衡，传统的等级制
结构就能保持自我调整能力。这一结构能长期满足居于
统治地位的精英阶层的广泛利益，就表明帝国机构并非
空壳，也说明帝国作为一个整体是由诸侯和皇帝，在某
些情形下还有普通人，共同努力而创建和维持的。皇帝
头衔与天主教之间持续不断的联系，以及帝国教会的幸
存与活力，体现了帝国名称中的"神圣"与"罗马"因
素。古罗马的遗产既影响到帝国的名称，也影响到传统
的帝国理想；而世界君主制（universal monarchy）的

122

思想、皇帝在抵御奥斯曼帝国进攻时发挥的作用，以及哈布斯堡领地帝国内类似的发展，都使这一理想重新焕发了活力。帝国的居民组成了一个政治民族，其特征就是多个祖国融合进了一个让每一个群体都能表达其地方认同与权利的祖国之中。

在这一意义上，伏尔泰所言并不准确，但其批评警告我们也不要以过度正面的评价来取代以前的抨击。从根本上来说，帝国还是僵化的。尽管起着社会安全阀的作用，但帝国的法律制度是保守的，保护的是地方特殊主义、习惯与传统。许多矛盾并未得到彻底解决，而只是与帝国的政治结构交织在一起，像教派冲突就是这样。内部和平虽然得到了维护，但代价是削弱了帝国应对外部侵犯的政治协调能力。以亲自出席文化为基础的政治的衰落，并未使帝国失去所有意义，而是使我们更加充分地认识到，帝国内部的正式身份和影响力与资源的实际分配之间的失衡在日益加剧。宪政均衡状态也逐渐受到侵蚀，尤其是当帝国证明它无法将处于异乎寻常的发展状态的奥地利和普鲁士这两大独立强邦纳入体系之内时，宪政失衡更加明显。从18世纪40年代开始，帝国内部的裂痕就已显现，并随着帝国从1792年起卷入法国大革命战争而进一步扩大。帝国和德意志两大强邦的战败，促使其他中等规模的诸侯邦国到1806年时完全抛弃了旧体系。

帝国虽被摧毁，但它体现的传统和理想仍在对 19 世纪的德意志政治施加影响。帝国理想和与领地绝对主义相关的政治威权主义，在 1919 年成立的魏玛共和国和 1949 年成立的联邦德国的议会制宪政结构中正式被抹除。然而，值得注意的是，这两大宪政体系都包含一种分权制衡的联邦制度，并将权力移交给作为旧时集权领地直接继承者的各州。同样值得关注的是，这些后起的实行联邦制的德国，与旧帝国一样，都实行防御性外交政策，这与 19 世纪的普鲁士和纳粹第三帝国的集权制政府不同，后两者都以在世界大战中战败而告终。

尽管我们现在已经形成了更为完整的帝国图景，但是依然存在许多问题。看上去，未来的研究有可能延续近来形成的在更广泛的社会文化背景下解释政治制度的趋势。这一方法已在关于帝国制度如帝国法院的研究中，以及对领地绝对主义的局限与影响的研究中，体现出其价值。然而，我们仍然需要继续关注在范围狭窄的文化精英之外普通德意志人对帝国有何认识和了解。具体制度如帝国议会和大区发展过程的细节仍有待填补，而对一些重要皇帝如鲁道夫二世、斐迪南二世、利奥波德一世和查理六世的统治，我们仍知之不多。帝国已经取代了年代不符的 1871 年、1937 年或 1945 年的德国版图，成为理解近代早期德国通史的框架 [46, 47, 48, 50, 51, 62]。然而很清楚的一点是，帝国历史不能从纯粹德意志的角度来撰写。有必要吸收其他民族的历史研究来修正德意志历史研究的过时视角 [65: 207—229]，这样不仅可以推动比较分析，而且也可以让我们对帝国的非德意志地区了解更多 [31]。要对帝国多样化的构成要素进行充分研究，还缺乏一个合适的分析框架，这一问题已被证明是一个主要的绊脚石，本书就是尝试清除这一障碍。

附　录

1440—1806 年间神圣罗马帝国的皇帝

	当选罗马人之王时间	当选皇帝时间	即位时间	死亡时间
弗里德里希三世	1440	1452[1]	1440	1493
马克西米连一世	1486	—	1493	1519
查理五世	1519	—	1519	1558[2]
斐迪南一世	1531	—	1556	1564
马克西米连二世	1562	—	1564	1576
鲁道夫二世	1575	—	1576	1612
马蒂亚斯	—	1612	1612	1619
斐迪南二世	—	1619	1619	1637
斐迪南三世	1636	—	1637	1657
斐迪南四世	1653	—	—	1654
利奥波德一世	—	1658	1658	1705
约瑟夫一世	1690	—	1705	1711
查理六世	—	1711	1711	1740
查理七世	—	1742	1742	1745
弗朗茨一世	—	1745	1745	1765
约瑟夫二世	1764	—	1765	1790
利奥波德二世	—	1790	1790	1792
弗朗茨二世	—	1792	1792	1835[3]

说明：

表中 1740 年之前即位的皇帝都来自哈布斯堡家族。查理七世来自巴伐利亚的维特尔斯巴赫家族。弗朗茨一世最初是洛林公爵，后与哈布斯堡家族的女大公玛丽娅·特蕾莎结婚，由此创建了哈布斯堡－洛林世系。

1. 被教皇加冕时使用另一种皇帝头衔。

2. 1556 年退位。

3. 1806 年退位。1804 年采用独立的奥地利皇帝头衔。

推荐书目

下文所列主要集中于近年出版的英文著作及重要的德语著作,尤其是那些带有详尽书目的作品。全部著作按照主题划分,尽可能与该书划分的章节保持一致。

印刷文献

另参见 [42] [175] 和 [286]。

[1] H. Conring, *New Discourses on the Roman-German Emperor* (1641, Tempe, 2005).

[2] P. H. Wilson (ed.), *The Thirty Years War: A Sourcebook* (Basingstoke, 2010).

[3] *Acta Pacis Westphalicae*, 36 vols. so far, gen. ed. K. Repgen (Münster, 1961—). 涵盖三十年战争末期和约协商的全过程。

[4] A. Buschmann (ed.), *Kaiser und Reich. Klassische Texte zur Verfassungsgeschichte des Heiligen Römischen Reiches Deutscher Nation vom Beginn des 12. Jahrhunderts bis zum Jahre 1806*, 2 vols. (2nd ed., Baden-Baden, 1994). 重要宪政文献的精选集。

[5] *Deutsche Reichstagsakten unter Maximilian I*, 5 vols., ed. E. Bock et al. (Göttingen, 1972—2001).

[6] *Deutsche Reichstagsakten unter Kaiser Karl V*, 12 vols.

in many parts, ed. A. Kluckhohn et al. (Gotha/Stuttgart/ Göttingen, 1893—2005). 另参见 [147]。

[7]   *Deutsche Reichstagsakten. Reichsversammlungen 1556— 1662*, 4 vols. so far, ed. M. Lanzinner and T. Fröschel (Göttingen, 1988—2002). 与 [5] 和 [6] 一样，这也是一项正在进行的以出版帝国议会所有相关文献为目标的项目的一部分。

[8]   *Neue und Vollständiger Sammlung der Reichsabschiede*, 4 vols. (Frankfurt/M., 1747; reprint Osnabrück, 1967). 最早的材料来自 990 年，大部分是 1495 年以后，包括 1663 年以后 "永久议会" 的决议。

[9]   H. Duchhardt (ed.), *Quellen zur Verfassungsentwicklung des Heiligen Römischen Reiches Deutscher Nation* (*1495—1806*) (Darmstadt, 1983).

[10]   H. H. Hofmann (ed.), *Quellen zum Verfassungsorganismus des Heiligen Römischen Reiches Deutscher Nation 1495— 1806* (Darmstadt, 1976). 所收录的文献虽然篇幅更短，且经过校订，但可弥补 [4] 和 [9] 的一些空缺。

[11]   J. C. Lünig (ed.), *Corpus iuris militaris*, 2 vols. (Leipzig, 1723; facsimile reprint Osnabrück, 1968). 这是收录帝国及各领地军事文献的珍贵文集。

[12]   J. J. Moser, *Neues Teutsches Staats-Recht*, 23 vols. (Stuttgart, 1766—1782; facsimile reprint Osnabrück, 1967—1968). 帝国法学家对同时代的研究中最为全面和重要的著作，应与 [80] 一起阅读。

126

[13] R. A. Müller (ed.), *Deutsche Geschichte in Quellen und Darstellung*, vols. 3—6 (Stuttgart, 1996—1997). 比大多数的一般文献合集更好，因为它包含了先前未曾出版过的从宗教改革时期到 1815 年期间的档案材料。

[14] S. Pufendorf, *Die Verfassung des deutschen Reiches* (ed. H. Denzer, Stuttgart, 1994). 这是普芬多夫著名的 1667 年匿名小册子的最佳版本，并有精彩的现代导言。

[15] K. Zeumer (ed.), *Quellensammlung zur Geschichte der Deutschen Reichsverfassung in Mittelalter und Neuzeit*, 2 parts (2nd ed., Tübingen, 1913; reprint 1987). 这是一部标准的宪政史料集。

网络资源

另参见 [245]。

[16] J. Eldevik (ed.), *Medieval Germany. Research and Resources*. http://www.ghi-dc.org/publications/ghipubs/rg021/ghi-21pdf.（浏览日期为 2012 年 12 月 1 日，下同。）一部非常优秀的、带有注解的参考文献，收录了 2006 年年底之前出版的材料。

[17] http://www.vd16.de. 列举了 16 世纪欧洲德语地区出版的所有材料。

[18] http://www.vd17.de. 同 [17]，只是范围是 17 世纪。

[19] http://www.imareal.oeaw.ac.at/realonline/. 有关中世纪到

近代早期中欧历史图像的在线数据库。

[20]　http://www.ikar.sbb.spk-berlin.de. 关于古地图的数据库。

[21]　http://www.zedler-lexikon.de/. J. H. Zedler, *Grosses vollständiges Universal-Lexicon* (68 vols., Halle/Leipzig, 1732—1754) 一书的全文, 一部关于 18 世纪知识的重要摘要, 其中许多词条与帝国有关。

[22]　http://www.ub.uni-bielefeld.de/diglib/puetter/historische/. J. S. Pütter, *Historische Entwicklung der Staatsverfassung des Teutschen Reiches* (2nd ed., Göttingen, 1788) 一书的全文。

[23]　http://www.digbib.bibliothek.uni-augsburg.de/1/intex.html/. *Theatrum Europeaum*, 21 vols. (Frankfurt/M., 1635—1738) 一书的全文, 记录了 1618 年以来以帝国消息为重点的事件, 带有插图。

[24]　http://www.pax-westphalica.de.《威斯特伐利亚和约》的全文, 包括英文翻译版。

127

概述与通论

这一部分所列书目为总体性的史学讨论和综述, 涵盖该书所涉时段的全部或其中一部分。

[25]　G. Benecke, *Society and Politics in Germany 1500—1750* (London, 1974). 从标题来看是关于德意志的研究, 实际上是对威斯特伐利亚地区小型领地的研究, 尤其是

利珀（Lippe）伯爵领地。其重要性在于它是一部用英文写作的早期修正主义著作。

[26] P. Blickle, *From the Communal Reformation to the Revolution of the Common Man* (Leiden, 1998). 收录了布利克勒关键论文的单卷本文集。

[27] P. Blickle, *Obedient Germans? A Rebuttal* (Charlottesville, 1997). 这是对布利克勒有关德意志农民及其与国家关系之观点进行总结的论文英译本。要与 [34] 中罗伯特·斯克里布纳的批评意见对照阅读。

[28] T. A. Brady, *German Histories in the Age of Reformations, 1400—1650* (Cambridge, 2009). 认为政治与宗教改革具有关联性。

[29] J. Gagliardo, *Germany under the Old Regime 1600—1790* (London, 1991). 一部相当传统的研究著作，以大领地为主要研究对象。

[30] R. J. W. Evans/M. Schaich/P. H. Wilson (eds.), *The Holy Roman Empire, 1495—1806* (Oxford, 2011). 该书非常有助于用英文了解一流的德国史学家的观点，也包含一些英美学者的解释。

[31] R.J.W. Evans/P.H. Wilson (eds.), *The Holy Roman Empire, 1495—1806: A European Perspective* (Leiden, 2011). 该书包括了对帝国非德语区的研究，并将其与欧洲其他国家进行了比较。

[32] M. Hughes, *Early Modern Germany 1477—1806* (Basing-

stoke, 1992). 一部简洁而特点鲜明的研究著作，以政治研究为主。

[33] *Journal of Modern History*, 58 (1986), supplement. 以"1500—1806 年神圣罗马帝国政治与社会"为主题的增刊，包括代表性学者对其主要作品的概括。

[34] R. Scribner and S. Ogilvie (eds.), *Germany. A New Social and Economic History*, 2 vols. (London, 1996). 研究全面，对社会和经济的介绍在同类作品中最佳。

[35] J. J. Sheehan, *German History 1770—1866* (Oxford, 1989). 对帝国向 19 世纪过渡的详细而复杂的研究。

[36] B. Simms, *The Struggle for Mastery in Germany, 1779—1850* (Basingstoke, 1998). 篇幅不大，认为 1801 年以后德意志的重组受到国际压力驱动。

[37] H. von Treitschke, *History of Germany in the Nineteenth-Century*, 5 vols. (London, 1915—1918). 普鲁士中心论视角的经典论述。

[38] P. H. Wilson, *Europe's Tragedy. A History of the Thirty Years War* (London, 2009). 包括对 16 世纪帝国的研究，眼界还延伸至 1648 年以后。

[39] P. H. Wilson, *From Reich to Revolution: German History 1558—1806* (Basingstoke, 2004).

[40] P. H. Wilson, "Still a monstrosity? Some reflections on early modern German statehood", *Historical Journal*, 49 (2006), 565—576.

128

[41]   H. A. Winkler, *Germany. The Long Road West*, Vol. I,
        1789—1933 (Oxford, 2006).

[42]   K. O. v. Aretin, *Heiliges Römisches Reich 1776—1806*,
        2 vols. (Wiesbaden, 1967). 修正主义史学里程碑式的著
        作。尽管很大程度上被 [43] [44] 取代，但收录了印刷版
        史料的第二卷，仍然具有宝贵价值。

[43]   K. O. v. Aretin, *Das alte Reich 1648—1806*, 3 vols. (Stuttgart,
        1993—1997). 一部内容充实、论述详细的著作，总体上
        倾向于哈布斯堡王朝，在所有语种的著作中对帝国意
        大利地区的研究最为出色。该书是研究后威斯特伐利
        亚时期的必备书。

[44]   K. O. v. Aretin, *Das Reich. Friedensordnung und europäische
        Gleichgewicht 1648—1806* (Stuttgart, 1992). 再版了阿雷
        廷最重要的论文，且均经过修订。

[45]   H. Boldt, *Deutsche Verfassungsgeschichte*, vol. I (3rd ed.,
        Munich, 1994). 一部极为优秀的宪政史研究著作。

[46]   J. Burkhardt, *Das Reformationsjahrundert. Deutsche
        Geschichte zwischen Medienrevolution und Institution-
        sbildung 1517—1617* (Stuttgart, 2002).

[47]   J. Burkhardt, *Vollendung und Neuorientierung des
        frühmodernen Reiches 1648—1763* (Stuttgart, 2006).

[48]   W. Demel, *Reich, Reformen und soziale Wandel 1763—
        1806* (Stuttgart, 2005).

[49]   H. Duchhardt, *Deutsche Verfassungsgeschichte 1495—*

1806 (Stuttgart, 1991). 概括了德意志宪政的发展。

[50] A. Gotthard, *Das Alte Reich 1495—1806* (3rd ed., Darmstadt, 2006).

[51] P. C. Hartmann, *Das Heilige Römische Reich deutscher Nation in der Neuzeit 1486—1806* (Stuttgart, 2005).

[52] K. Herbers/H. Neuhaus, *Das Heilige Römische Reich* (Cologne, 2010). 按年代顺序对帝国近 1000 年的历史进行了清晰的考察。

[53] A. Kohler, *Das Reich im Kampf um die Hegemonie in Europa 1521—1648* (Munich, 1990). 一部阐释性的通论著作。

[54] P. Moraw, *Von offener Verfassung zu gestalteter Verfassung. Das Reich im späten Mittelalter 1250 bis 1490* (Berlin, 1985). 对帝国再评价研究的里程碑，阐明了帝国从中世纪到近代早期的过渡问题。

[55] P. Moraw/V. Press, "Probleme der Sozial- und Verfassungsgeschichte des Heiligen Römischen Reiches im späten Mittelalter und in der Frühen Neuzeit", *Zeitschrift für Historische Forschung*, 2 (1975), 95—108. 从社会史角度对帝国政治进行再评价的一篇重要论文。

[56] H. Neuhaus, *Das Reich in der frühen Neuzeit* (Munich, 1997). 简要回顾了有关 1495—1806 年时期的研究，参考书目极有价值。

[57] V. Press, *Kriege und Krisen. Deutschland 1600—1715* (Munich, 1991). 该书尝试将现代社会史与对政治事件

的研究结合起来，颇有启发，时有出彩之处。

[58] H. Rabe, *Deutsche Geschichte 1500—1600. Das Jahrhundert der Glaubensspaltung* (Munich, 1991).

[59] W. Reinhard, "Frühmoderner Staat und deutsches Monstrum. Die Entstehung des modernen Staates und das Alte Reich", *Zeitschrift für Historische Forschung*, 29 (2002), 339—357.

[60] H. Schilling, "Reichs-Staat und frühneuzeitliche Nation der Deutschen oder teilmodernisiertes Reichssystem", *Historische Zeitschrift*, 272 (2001), 377—395. 对施密特的解释进行了批评，将帝国视为"部分现代化的帝国制度"。

[61] H. Schilling/W. Heun/J. Götzmann (eds.), *Alte Reich und neue Staaten 1495 bis 1806* (Dresden, 2006). 2006 年在柏林和马格德堡举办了有关帝国的展览，其中近代早期部分结成了该文集。

[62] G. Schmidt, *Wandel durch Vernunft. Deutsche Geschichte im 18. Jahrhundert* (Munich, 2009).

[63] G. Schmidt, *Geschichte des Alten Reiches. Staat und Nation in der Frühen Neuzeit* (Munich, 1999). 将帝国视为第一个德意志民族国家。

[64] G. Schmidt, "Das frühneuzeitliche Reich—komplementärer Staat und föderative Nation", *Historische Zeitschrift*, 273 (2001), 371—399. 作者以清晰的论述捍卫和发展了

其将帝国解释为一个"辅助性国家和联邦制国家"的
观点。

[65]　M. Schnettger (ed.), *Imperium Romanum−irregulare corpus−Teutscher Reichs-Staat* (Mainz, 2002). 从许多民族的角度考察了有关帝国的多种多样的解释。

[66]　B. Stollberg-Rilinger, *Das Heilige Römische Reich deutscher Nation vom Ende des Mittelalters bis 1806* (4th ed., Munich, 2009). 简明扼要的综述。

[67]　S. Wendehorst/S. Westphal (eds.), *Lesebuch Altes Reich* (Munich, 2006). 对近来许多主题的研究进行了简明考察。

专题研究

该部分的研究涉及重大事件、帝国在欧洲事务中的地位以及单个领地与帝国的关系。

[68]　R. G. Asch, *The Thirty Years War. The Holy Roman Empire and Europe 1618—1648* (London, 1997). 一部极为清晰、简洁的概论性著作，也是现代第一部从德意志的视角讨论这一战争的英文著作。与 [38] [76] [94] 对比阅读。

[69]　T. C. W. Blanning, *The French Revolution in Germany. Occupation and Resistance in the Rhineland 1792—1802* (Oxford, 1983). *130*

[70]　T. A. Brady, *Protestant Politics: Jacob Sturm (1489—*

1553) and the German Reformation (Boston, 1995). 考察了帝国城市的政治功能，尤其是施马尔卡尔登同盟。另参见 [91]。

[71] T. A. Brady, *Turning Swiss. Cities and Empire 1450—1550* (Cambridge, 1985). 这是一部研究宗教改革对帝国城市政治影响的重要著作，其研究表明帝国还存在其他可能的发展道路。

[72] F. L. Carsten, *Essays in German History* (London, 1985). 这位多产作者有价值的论文集，代表了早期辉格派观点。

[73] D. Croxton, "The Peace of Westphalia of 1648 and the origins of sovereignty", *International History Review*, 21 (1999), 569—591. 淡化《威斯特伐利亚和约》作为国际关系转折点的重要性。另参见 [86]。

[74] A. Forrest/P. H. Wilson (eds.), *The Bee and the Eagle. Napoleonic France and the End of the Holy Roman Empire, 1806* (Basingstoke, 2009).

[75] H. Gross, *Empire and Sovereignty. A History of the Public Law Literature in the Holy Roman Empire 1599—1804* (Chicago, 1973). 对当代众多帝国宪政研究有精彩介绍。

[76] G. Parker et al., *The Thirty Years War* (2nd ed., London 1987). 从国际视角来观察三十年战争。与 [38] [68] [94] 对比阅读。

[77] M. Rowe, *From Reich to State. The Rhineland in the Revolutionary Age, 1780—1830* (Cambridge, 2003).

[78] M. Umbach (ed.), *German Federalism. Past, Present, Future* (Basingstoke, 2002).

[79] J. A. Vann and S. Rowan (eds.), *The Old Reich. Essays on German Political Institutions 1495—1806* (Brussels, 1974).

[80] M. Walker, *Johann Jakob Moser and the Holy Roman Empire of the German Nation* (Chapel Hill, 1981). 对领地政治和莫泽有关帝国宪政的研究有深入思考。

[81] P. H. Wilson, "Prussia's relations with the Holy Roman Empire, 1740—1786", *Historical Journal*, 51 (2008), 337—371.

[82] H. Angermeier, *Die Reichsreform 1410—1555. Die Staatsproblematik in Deutschland zwischen Mittelalter und Gegenwart* (Munich, 1984).

[83] K. O. v. Aretin and K. Härter (eds.), *Revolution und konservatives Beharren. Das alte Reich und die Französische Revolution* (Mainz, 1990). 关于德意志和法国大革命的一部优秀著作，K. 黑特（K. Härter）和 E. 布德鲁斯（E. Buddruss）的论文尤为突出。

[84] W. Brauneder/L. Höbelt (eds.), *Sacrum Imperium. Das Reich und Österreich 996—1806* (Vienna, 1996). 对奥地利与帝国关系的综述。

[85] E. Buddruss, *Die Französische Deutschlandpolitik 1756—1789* (Mainz, 1995).

[86] F. Dickmann, *Der Westfälische Frieden* (5th ed., Münster,

1985). 仍是研究 1648 年和约的唯一著作。另参见 [24] [73]。

[87] H. Duchhardt, *Altes Reich und europäische Staatenwelt 1648—1806* (Munich, 1990). 对有关 1648 年后帝国政治国际化的研究做简短综述，附有有关早期文献的详细书目。

[88] S. Externbrink, *Friedrich der Große, Maria Theresia und das Alte Reich. Deutschlandbild und Diplomatie Frankreichs im Siebenjährigen Krieg* (Berlin, 2006).

[89] H. E. Feine, "Zur Verfassungsentwicklung des Heil. Röm. Reiches seit dem Westfälischen Frieden", *Zeitschrift der Savigny-Stiftung für Rechtsgeschichte, Germanistische Abteilung*, 52 (1932), 65—133. 这是一篇重要的早期论文，标志着对帝国更积极的重新评价。

[90] K. Härter, "Zweihundert Jahre nach dem europäischen Umbruch von 1803", *Zeitschrift für Historische Forschung*, 33 (2006), 89—115. 对近来有关 1803 年帝国重组与三年后灭亡研究的述评，颇有价值。

[91] G. Haug-Moritz, *Der Schmalkaldische Bund 1530—1541/1542* (Leinfelden-Echterdingen, 2002). 取代了先前所有的研究。另参见 [70]。

[92] O. Hauser (ed.), *Preußen, Europa und das Reich* (Cologne, 1987). 一部研究帝国内部普鲁士地位的重要论文集。

[93] M. Kaiser, *Politik und Kriegführung. Maximilian von Bayern,*

Tilly und die Katholische Liga im Dreißigjährigen Krieg (Münster, 1999). 对战争与帝国政治互动关系的重要研究，指出了三十年战争时期帝国机构与宪政规范持续的重要性。

[94] C. Kampmann, *Europa und das Reich im Dreißigjährigen Krieg* (Stuttgart, 2008). 一部简要的综述性著作，将三十年战争描述为欧洲范围的冲突。另参见 [38] [68] 和 [76]。

[95] H. Klueting/W. Schmale (eds.), *Das Reich und seine Territorialstaaten im 17. und 18. Jahrhundert* (Münster, 2004).

[96] J. Kunisch et al. (eds.), *Neue Studien zur Frühneuzeitlichen Reichsgeschichte* (*Zeitschrift für Historische Forschung*, Beiheft 3, Berlin, 1987). 一部关于 16 世纪帝国政治的重要文集。

[97] M. Lanzinner, *Friedenssicherung und politische Einheit des Reiches unter Kaiser Maximilian II* (*1564—1576*) (Göttingen, 1993). 一部对马克西米连二世采取的缓解帝国内部冲突的措施进行重新评价的重要著作，总体上持肯定态度。

[98] A. P. Luttenberger, *Kurfürsten, Kaiser und Reich. Politische Führung und Friedenssicherung unter Ferdinand I und Maximilian II* (Mainz, 1994). 强调选帝侯如何利用其宪政地位和接近皇帝的便利性来维护帝国内部和平。

[99] L. Pelizaeus, *Der Aufstieg Württembergs und Hessens zur Kurwürde 1692—1803* (Frankfurt/M., 2000). 描述了居

于第二等级的诸侯们想成为选帝侯的野心。另参见 [144] 和 [266]。

132　[100]　V. Press, *Das Alte Reich. Ausgewählte Aufsätze* (Berlin, 1997). 收录了作者最重要论文的单卷本文集。

[101]　V. Press (ed.), *Alternativen zur Reichsverfassung in der Frühen Neuzeit?* (Munich, 1995). 对帝国在 1495 年之后的发展过程中被忽略的因素进行研究的重要文集。

[102]　B. Roeck, *Reichssystem und Reichsherkommen. Die Diskussion über die Staatlichkeit des Reiches in der politischen Publizistik des 17. und 18. Jahrhunderts* (Stuttgart, 1984). 与 [75] 对比阅读。

[103]　H. Schilling, *Konfessionalisierung und Staatsinteressen 1559—1660* (Paderborn, 2007). 一项涵盖面广泛的研究，是对作者的"教派化"概念和有关帝国的解释进行的最新、最简明的综述，价值重大。

[104]　G. Schmidt (ed.), *Stände und Gesellschaft im alten Reich* (Stuttgart, 1989). 该文集标志着对旧帝国的研究转向社会史与政治史相结合的方向。

[105]　B. Stollberg-Rilinger, *Des Kaisers alte Kleider. Verfassungsgeschichte und Symbolsprache des Alten Reiches* (Munich, 2008). 一项开创性研究，推动了帝国研究向新方向发展，对帝国政治文化的讨论也相当精彩。

皇　帝

另参见 [194] [280] [283] 和 [284]。

[106]　D. Beales, *Joseph II*, 2 vols. (Cambridge, 1987, 2008). 主要从领地视角进行思考，展现了约瑟夫二世对帝国政治较为否定的态度。

[107]　G. Benecke, *Maximilian I* (London, 1982). 参见 [135] 和 [283]。

[108]　R. Bireley, SJ, *Religion and Politics in the Age of Counterreformation* (Chapel Hill, 1981). 一位重要的天主教史学家对斐迪南二世时期帝国政策形成过程的研究，以积极评价为主。

[109]　W. Blockmans, *Emperor Charles V 1500－1558* (London, 2002). 该领域最顶尖的荷兰学者所撰写的简明综述。另参见 [114] [115] [280] 和 [284]。

[110]　R. J. W. Evans, *Rudolf II and His World* (2nd ed., London, 1997). 对鲁道夫二世这一复杂人物以正面为主的刻画，强调他对文艺复兴晚期文化的参与。

[111]　P. S. Fichtner, *Emperor Maximilian II* (New Haven, 2001). 以同情的立场研究了马克西米连二世及其维护帝国内部宗教和平的努力。

[112]　P. S. Fichtner, *Ferdinand I of Austria* (New York, 1982). 主要研究了斐迪南一世在其世袭领地内的作用。另参见 [127]。

[113]   C. W. Ingrao, *In Quest and Crisis. Emperor Joseph I and the Habsburg Monarchy* (West Lafayette, 1979). 以批判为主的详细研究。另参见 [119] 和 [130]。

133 [114]   H. Kleinschmidt, *Charles V. The World Emperor* (Stroud, 2004). 另参见 [109] [115] [194] 和 [284]。

[115]   H. Soly (ed.), *Charles V 1500—1558* (Antwerp, 1998). 有大量插图，是查理五世去世 450 周年时的最佳著作之一。另参见 [105] [114] [194] 和 [284]。

[116]   J. P. Spielman, *Leopold I of Austria* (London, 1977). 这是迄今关于这一重要人物仅有的一部传记，完全从王朝的角度进行，应与对这一时期进行更广泛研究的 [43] 结合起来阅读。另参见 [280]。

[117]   P. H. Wilson, "Bolstering the prestige of the Habsburgs: The end of the Holy Roman Empire in 1806", *International History Review*, 28 (2006), 709—736.

[118]   H. Angermeier, "Die Reichsregimenter und ihre Staatsidee", *Historische Zeitschrift*, 211 (1970), 263—315. 讨论了限制皇权的措施。

[119]   K. O. v. Aretin, "Kaiser Joseph I zwischen Kaisertradition und österreichischer Großmachtpolitik", *Historische Zeitschrift*, 215 (1972), 529—606. 对这一重要人物持相当正面的态度。与 [113] 和 [130] 对比。

[120]   H. Duchhardt, *Protestantisches Kaisertum und altes Reich* (Wiesbaden, 1977). 对当时围绕着可能选举一位新教徒

担任皇帝而展开的激烈讨论的研究，颇有影响力。

[121] H. Haan, "Kaiser Ferdinand II und das Problem des Reichsabsolutismus. Die Prager Heeresreform von 1635", *Historische Zeitschrift*, 207 (1968), 297—345.

[122] P. C. Hartmann, *Karl Albrecht. Karl VII. Glücklicher Kurfürst, unglücklicher Kaiser* (Regensburg, 1985). 对查理七世这位不幸的皇帝颇为同情的研究。

[123] W. Hermkes, *Das Reichsvikariat in Deutschland* (Karlsruhe, 1968). 从法律角度研究帝国代理人制度。

[124] L. Höbelt, *Ferdinand III (1608—1657). Friedenskaiser wider Willen* (Graz, 2008). 一部突兀但细节翔实的传记，强调皇帝在三十年战争后稳定哈布斯堡王朝影响力的作用。

[125] G. Kleinheyer, "Die Abdankung des Kaisers", in G. Köbler (ed.), *Wege europäischer Rechtsgeschichte* (Frankfurt/M., 1988), 124—144. 讨论了查理五世的退位问题。

[126] G. Kleinheyer, *Die kaiserlichen Wahlkapitulationen* (Karlsruhe, 1968).

[127] A. Kohler, *Ferdinand I. 1503—1564* (Munich, 2003). 另参见 [112]。

[128] K. Müller, *Das kaiserliche Gesandtschaftswesen im Jahrhundert nach dem Westfälischen Frieden (1648—1740)* (Bonn, 1976). 揭示出哈布斯堡王朝外交网络对于帝国复兴的重要意义。

[129]   V. Press, "Österreichische Großmachtbildung und Reichsver-
        fassung. Zur kaiserlichen Stellung nach 1648", *Mitteilungen
        des Instituts für Österreichische Geschichtsforschung*, 98
        (1990), 131—154. 概括了作者所论 1648 年后的帝国复兴，
        强调帝国政策和王朝政策的各部分之间虽有差异却相互
        联系。

134 [130]   V. Press, "Josef I (1705—1711). Kaiserpolitik zwischen
        Erblanden，Reich und Dynastie", in R. Melville et al. (eds.),
        Deutschland und Europa in der Neuzeit (Stuttgart, 1988),
        277—297. 观点介于 [113] 与 [119] 之间。

[131]   B. Rill, *Kaiser Matthias. Bruderzwist und Glaubenskampf*
        (Graz, 1999).

[132]   B. Rill, *Karl VI. Habsburg als barocke Großmacht* (Graz,
        1992). 关于这位被忽略的皇帝的唯一现代传记。

[133]   C. Roll, *Das zweite Reichsregiment 1521—1530* (Cologne,
        1996). 该书质疑早期将这一时期的帝国政治理解为诸
        侯与皇帝二元主义政治的观点。

[134]   A. Schindling and W. Ziegler (eds.), *Die Kaiser der Neuzeit
        1519—1918* (Munich, 1990). 该文集研究了自查理五世
        以来的每一位皇帝，文献综述十分细致，是研究帝国
        上层政治最优秀的导论性作品。

[135]   H. Wiesflecker, *Kaiser Maximilian I. Das Reich, Österreich
        und Europa an der Wende zur Neuzeit*, 5 vols. (Munich,
        1971—1986).

帝国议会

更多英文的讨论见 [30] 和 [33]。另参见 [233]。

[136] G. G. Krodel, "Law, order and the almighty *Taler*: The Empire in action at the 1530 Diet of Augsburg", *Sixteenth Century Journal*, 12 (1982), 75—106.

[137] H. Angermeier, "Der Wormser Reichstag 1495—ein europäisches Ereignis", *Historische Zeitschrift*, 261 (1995), 739—768.

[138] J. Arndt, *Das Niederrheinisch-Westfälische Reichsgrafen-kollegium und seine Mitglieder (1653—1806)* (Mainz, 1991). 详细研究了威斯特伐利亚伯爵在帝国议会中的代表，对皇帝与领地政治之间的关系进行了深入思考。另参见 [140]。

[139] K. Bierther, *Der Regensburger Reichtag von 1640/41* (Kallmünz, 1971).

[140] E. Boehme, *Das fränkische Reichsgrafenkollegium im 16. und 17. Jahrhundert* (Stuttgart, 1989). 对 [138] 的补充。

[141] R. Endres (ed.), *Adel in der Frühneuzeit* (Cologne, 1991). 有几篇重要论文讨论了帝国骑士及其在帝国议会获得代表权的失败。

[142] S. Friedrich, *Drehscheibe Regensburg. Das Informations- und Kommunikationssystem des Immerwährenden Reichstags um 1700* (Berlin, 2007). 证明了帝国议会作为沟通中心的重

要性。

[143]　W. Fürnrohr, *Der Immerwährende Reichstag zu Regensburg. Das Parlament des alten Reiches* (2nd ed., Regensburg, 1987). 其价值在于分析了帝国议会代表的社会构成，但应与 [153] 对其的批评结合起来阅读。

135　[144]　A. Gotthard, *Säulen des Reiches. Die Kurfürsten im frühneuzeitlichen Reichsverband*, 2 vols. (Husum, 1999). 详细研究了选帝侯在帝国政治中的作用，指出对其集体特权的捍卫如何有助于维护帝国宪政。另参见 [99]。

[145]　K. Härter, *Reichstag und Revolution 1789—1806* (Göttingen, 1992). 一部重要的研究著作，确切无疑地证明了尽管在法国大革命战争中面临着压力，但帝国议会仍在运行。该书还对自 1654 年起帝国议会的发展进行了综述，十分出色。

[146]　T. Klein, "Die Erhebungen in den weltlichen Reichsfürstenstand 1550—1806", *Blätter für deutsche Landesgeschichte*, 122 (1986), 137—192. 揭示了皇帝册封诸侯的特权日益受到约束的过程。

[147]　H. Lutz and A. Kohler (eds.), *Aus der Arbeit an der Reichstagen unter Kaiser Karl V* (Göttingen, 1986). 另参见 [6]。

[148]　P. Moraw, "Versuch über die Entstehung des Reichstags", in H. Weber (ed.), *Politische Ordungen und soziale Kräfte im alten Reich* (Wiesbaden, 1980), 1—36. 分析了帝国议会在 15 世纪晚期作为一个正式机构兴起的过程。

[149] A. Müller, *Der Regensburger Reichstag von 1653/54* (Frankfurt, 1992). 该届帝国议会部分解决了《威斯特伐利亚和约》遗留的"未竟事项",该书揭示了此举的长期影响。

[150] M. Neugebauer-Wölk, "Reichsstädtische Reichspolitik nach dem Westfälischen Frieden", *Zeitschrift für Historische Forschung*, 17 (1990), 27—47. 对帝国城市在 1648 年后参与帝国政治进行了有益的分析。

[151] H. Neuhaus, *Reichsstädtische Repräsentationsformen im 16. Jahrhundert* (Berlin, 1982). 一部重要研究,强调在传统等级议会体系下政治代表权的灵活性。

[152] A. Oschmann, *Der Nürnberger Exekutionstag 1649—1650* (Münster, 1991). 对负责履行《威斯特伐利亚和约》的这一届会议的权威性研究。

[153] A. Schindling, *Die Anfänge des Immerwährenden Reichstags zu Regensburg* (Mainz, 1991). 解释了为何帝国议会在 1663 年成为常设议会,全面概述了 1648—1684 年间的帝国政治。[33] 有英文版总结。

[154] K. Schlaich, "Die Mehrheitsabstimmung im Reichstag zwischen 1495 und 1613", *Zeitschrift für Historische Forschung*, 10 (1983), 299—340.

[155] G. Schmidt, "Städtecorpus und Grafenvereine", *Zeitschrift für Historische Forschung*, 10 (1983), 41—71. 加强了对帝国议会之外其他代议制形式重要性的认识。

[156]   M. Schnettger, *Der Reichsdeputationstag 1655—1663* (Münster, 1996). 讨论了寻找帝国议会替代方案遭遇的失败，由此提供了连接 [149] [153] 两书的纽带。

[157]   T. Schulz, *Der Kanton Kocher der Schwäbischen Reichsritterschaft 1542—1805* (Sigmaringen, 1986). 一部详细的个案研究著作，是对 [141] 的延伸。

帝国法院

136

另参见 [104]。

[158]   S. Ehrenpreis/A. Gotzmann/S. Wendehorst, "Probing the Legal History of the Jews in the Holy Roman Empire", *Jahrbuch des Simon-Dubnow-Instituts*, 2 (2003), 409—487.

[159]   R. P. Fuchs, "The supreme court of the Holy Roman Empire", *Sixteenth-Century Journal*, 34 (2001), 9—21. 有用的研究述评，有丰富的参考文献。

[160]   M. Hughes, *Law and Politics in 18th-Century Germany. The Imperial Aulic Council in the Reign of Charles VI* (Woodbridge, 1988). 详细考察了帝国宫廷法院解决梅克伦堡和东弗里西亚宪政争端及其与国际关系的联系，强调它在消除暴力方面的重要性。

[161]   W. Schulze, "Peasant resistance in sixteenth and seventeenthcentury Germany in a European context", in K. v. Greyerz (ed.), *Religion, Politics and Social Protest* (London, 1984), 61—98. 简要总结了作者关于社会抗议司法化的观点。

[162] H. Zmora, *State and Nobility in Early Modern Germany. The Knightly Feud in Franconia 1440—1567* (Cambridge, 1997).

[163] B. Diestelkamp (ed.), *Die politische funktion des Reichs-kammergerichts* (Cologne, 1993). 展现了一项正在进行的重大集体研究项目的成果，揭示出司法制度相对的活力。

[164] B. Diestelkamp (ed.), *Das Reichskammergericht in der deutschen Geschichte* (Cologne, 1990). 同 [163]。

[165] S. Ehrenpreis, *Kaiserliche Gerichtsbarkeit und Konfession-skonflikt. Der Reichshofrat unter Rudolf II. 1576—1612* (Götingen, 2006).

[166] M. Fimpel, *Reichsjustiz und Territorialstaat. Württemberg als Kommissar von Kaiser und Reich im Schwäbischen Kreis (1648—1806)* (Tübingen, 1999). 有价值的个案研究，说明了帝国法院裁决在实际中是如何执行的。扩展了 [178] 的研究。

[167] B. Gehm, *Die Hexenverfolgung im Hochstift Bamberg und das Eingreifen des Reichshofrats zu ihrer Beendigung* (Hildesheim, 2000). 说明了帝国法院在遏制巫术案件审判中的作用。

[168] O. v. Gschliesser, *Der Reichshofrat. Bedeutung und Verfassung, Schicksal und Besetzung einer obersten Reichsbehörde von 1559—1806* (Vienna, 1942). 仍是有关帝国宫廷法院最主要的综述性著作。

[169] F. Hertz, "Die Rechtsprechung der höchsten Reichsgerichte im römisch-deutschen Reich und ihre politische Bedeutung", *Mitteilungen des Instituts für Österreichische Geschichts-forschung*, 69 (1961), 331—358. 揭示了帝国宫廷法院受理案件的范围，推动了学术界对帝国宫廷法院重新产生兴趣。

[170] C. Kampmann, *Reichsrebellion und kaiserliche Acht. Politische Strafjustiz im Dreißigjährigen Krieg und das Verfahren gegen Wallenstein 1634* (Münster, 1992). 强调皇帝相对来说并不愿将司法政治化，并指出司法准则一直受到重视。

[171] E. Ortlieb, *Im Auftrag des Kaisers. Die kaiserlichen Kommissionen des Reichshofrates und die Reglung von Konflikten im Alten Reich* (*1637—1657*) (Cologne, 2001). 补充了 [166] [177] [178] 的研究。

[172] F. Ranieri, *Recht und Gesellschaft im Zeitalter der Rezeption. Eine rechts- und sozialgeschichtliche Analyse der Tätigkeit des Reichskammergerichts im 16. Jahrhundert*, 2 vols. (Cologne/Vienna, 1985). 德意志社会－法律研究的一部里程碑式著作。

[173] R. Sailer, *Untertanenprozesse vor dem Reichskammergericht. Rechtsschutz gegen die Obrigkeit in der zweiten Hälfte des 18. Jahrhunderts* (Cologne,1999). 揭示了帝国枢密法院通过干预来保护农民反抗领主的作用。

[174] W. Sellert (ed.), *Reichshofrat und Reichskammergericht.*

137

Ein Konkurrenzverhältnis (Cologne, 1999). 非常有价值的文集，对两大最高法院的运行进行了细致的考察。

[175] W. Sellert (ed.), *Die Ordnungen des Reichshofrates 1550—1766*, 2 vols. (Cologne/Vienna, 1980—1990). 刊登了帝国宫廷法院的重要法令，并对其重要性做了广泛点评。

[176] W. Trossbach, "Fürstenabsetzungen im 18. Jahrhundert", *Zeitschrift für Historische Forschung*, 13 (1986), 425—454. 研究表明，尽管正式罢免不服从命令的诸侯通常有政治动机，但此举也与强调秩序与礼节的深层要求相关。

[177] S. Ullmann, *Geschichte auf der langen Bank. Die Kommissionen des Reichshofrats unter Kaiser Maximilian II (1564—1576)* (Mainz, 2006).

[178] R. J. Weber, "Die kaiserlichen Kommissionen des Hauses Württemberg in der Neuzeit", *Zeitschrift für Württembergische Landesgeschichte*, 43 (1984), 205—236. 阐明了与特派员制度相关的问题。另参见 [166] 和 [171]。

[179] S. Westphal, *Ehen vors Gericht–Scheidungen und ihre Folgen am Reichskammergericht* (Wetzlar, 2008).

帝国税收

另参见 [213] [246]。

[180] E. Isenmann, "The Holy Roman Empire in the middle

ages", in R. Bonney (ed.), *The rise of the fiscal state in Europe c. 1200—1815* (Oxford, 1999), 243—280. 非常有价值的研究，考察了直至 16 世纪帝国及各领地内部税收制度的发展。

[181] S. W. Rowan, "The Common Penny (1495—1499) as a source of German social and demographic history", *Central European History*, 10 (1977), 148—164. 参见 [189]。

[182] R. M. Spaulding, "Revolutionary France and the transformation of the Rhine", *Central European History*, 44 (2011).

138 [183] F. Blaich, "Die Bedeutung der Reichstage auf dem Gebiet der öffentlichen Finanzen im Spannungsfeld zwischen Kaiser, Territorialstaaten und Reichsstädten (1495—1670)", in A. de Maddalena and H. Kellenbenz (eds.), *Finanzen und Staatsräson in Italien und Deutschland in der frühen Neuzeit* (Berlin, 1992), 79—111.

[184] I. Bog, *Der Reichsmerkantilismus. Studien zur Wirtschaftspolitik des Heiligen Römischen Reiches im 17. und 18. Jahrhundert* (Stuttgart, 1959).

[185] N. Brübach, *Die Reichsmessen von Frankfurt am Main, Leipzig und Braunschweig (14.—18. Jahrhundert)* (Stuttgart, 1993).

[186] C. Hattenhauer, *Schuldenregulierung nach dem Westfälischen Frieden* (Frankfurt/M., 1998). 考察了帝国机构在协调各帝国阶层共同应对三十年战争结束后的公共债务问题方面取得的部分成功。

[187] P. Rauscher, *Zwischen Ständen und Gläubigern. Die kaiserlichen Finanzen unter Ferdinand I. und Maximilian II (1556—1576)* (Vienna, 2004).

[188] P. Rauscher (ed.), *Kriegführung und Staatsfinanzen. Die Habsburgermonarchie und das Heilige Römische Reich vom Dreißgjährigen Krieg bis zum Ende des habsburgischen Kaisertums 1740* (Münster, 2010). 考察了帝国战时财政问题的文集（包含三篇英文论文）。

[189] P. Schmid, *Der Gemeine Pfennig von 1495* (Göttingen, 1989). 细致研究了帝国改革运动中的财政问题。

[190] W. Schulze, *Reich und Türkengefahr im späten 16. Jahrhundert* (Munich, 1978). 证明了帝国机构在面对 16 世纪晚期奥斯曼帝国的威胁时采取的措施相对来说是有效的。

[191] A. Sigelen, *Dem ganzen Geschlecht nützlich und rühmlich. Reichspfennigmeister Zacharias Geizkofler zwischen Fürstendienst und Familienpolitik* (Stuttgart, 2009). 对这位积极参与了三十年战争之前帝国政治重大问题的帝国司库非常翔实的传记研究。

[192] O. Volckart, "Politische Zersplitterung und Wirtschaftswachstum im Alten Reich, ca.1650—1800", *Vierteljahreshefte für Sozi- und Wirtschaftsgeschichte*, 86 (1999), 1—38. 认为德意志的领地分裂刺激了经济发展，而帝国机构在全国和地区层面上的协调也会抵消分裂的负面影响。

帝国防卫

另参见 [180] [188] [207] 和 [214]。

[193]   M. Hochedlinger, *Austria's Wars of Emergence 1683—1797* (Harlow, 2003). 有关哈布斯堡王朝战争进行方式的关键性研究。

[194]   J. D. Tracy, *Emperor Charles V, Impresario of War: Campaign Strategy, International Finance, and Domestic Politics* (Cambridge, 2002).

[195]   P. H. Wilson, *German Armies: War and German Politics 1648—1806* (London, 1998). 第一部对德意志参与欧洲冲突的多种方式进行研究的英文著作，强调追求和平的、防御性的帝国体系与更为好战的、军事化的领地并存的重要性。

[196]   P. H. Wilson, "The German 'soldier trade' of the seventeenth and eighteenth centuries: a reassessment", *International History Review*, 18 (1996), 757—792.

[197]   B. R. Kroener and R. Pröve (eds.), *Krieg und Frieden. Militär und Gesellschaft in der frühen Neuzeit* (Paderborn, 1996). 一部精彩的文集，揭示了德意志军民关系研究的新趋势。

[198]   C. Kampmann, "Reichstag und Reichskriegserklärung im Zeitalter Ludwigs XIV", *Historische Jahrbuch*, 113 (1993), 41—59. 再次确认皇帝在战争与和平事务上的特权在1648 年以后依然存在。

139

[199] J. Kunisch (ed.), *Staatsverfassung und Heeresverfassung* (*Historische Forschung* 28, Berlin, 1986). 研究战争与政治相互关系的重要文集，包括一篇赫尔穆特·诺伊豪斯对帝国总参谋部的研究论文。

[200] G. Papke, *Von der Miliz zum Stehenden Heer. Wehrwesen im Absolutismus* (Vol. I of *Deutsche Militärgeschichte*, Munich, 1983). 尽管该书的研究一定程度上被 [197] 所超越，但它仍是研究这一时期德意志军事发展的最佳单行本著作。

[201] M. Plassmann, *Krieg und Defension am Oberrhein. Die vorderen Reichskreise und Markgraf Ludwig Wilhelm von Baden* (*1693—1706*) (Berlin, 2000). 考察了九年战争时期的集体安全，指出帝国在国际冲突中本质上是防御性的。

[202] B. Sicken, *Das Wehrwesen des Fränkischen Reichskreises. Aufbau und Struktur* (*1681—1714*), 2 vols. (Würzburg, 1967). 对一个运转相当有效的帝国大区的细致研究。与 [201] 和 [203] 对照阅读。

[203] P. C. Storm, *Der Schwäbische Kreis als Feldheer. Untersuchungen zur Wehrverfassung des Schwäbischen Reichskreises in der Zeit von 1648 bis 1732* (Berlin, 1974). 对 [201] 的补充。

[204] H. Weigel, *Die Kriegsverfassung des alten Deutschen Reiches von der Wormser Matrikel bis zur Auflösung* (Bamberg, 1912). 体现了认为帝国防卫体系本质上不及军事化的、中央集权的强权国家的传统观点。

帝国大区

另参见 [201] [202] 和 [203]。

[205]   R. H. Thompson, *Lothar Franz von Schönborn and the Diplomacy of the Electorate of Mainz* (The Hague, 1973). 研究领地政治与联盟运动之间互动的重要英文著作。

140   [206]   J. A. Vann, *The Swabian Kreis. Institutional Growth in the Holy Roman Empire 1648—1715* (Brussels, 1975). 对发展活跃的施瓦本大区的细致研究，观点过于乐观。

[207]   R. Wines, "The imperial circles: Princely diplomacy and imperial reform 1681—1714", *Journal of Modern History*, 39 (1967), 1—29. 认为联盟运动支持帝国改革。

[208]   K. O. v. Aretin (ed.), *Der Kurfürst von Mainz und die Kreisassoziationen 1648—1746* (Wiesbaden, 1975). 重新评价联盟运动的重要性，强调其活力与影响。

[209]   H. Carl, *Der Schwäbische Bund 1488—1534. Landfrieden und Genossenschaft im Übergang vom Spätmittelalter zur Reformation* (Leinfelden-Echterdingen, 2000). 对帝国改革时期维护帝国内部和平的框架进行的重要研究。

[210]   W. Dotzauer, *Die deutschen Reichskreise* (*1383—1806*) (Stuttgart, 1998). 对 10 个大区及联盟运动进行全面综述，参考文献十分详尽，收录了所有的早期文献，是研究这一主题的最佳入门著作。

[211]   P. C. Hartmann, "Die Kreistage des Heiligen Römischen

Reiches–eine Vorform des Parlamentarismus? Das Beispiel des bayerischen Reichskreises (1521—1793)", *Zeitschrift für Historische Forschung*, 19 (1992), 29—47. 高度评价了大区议会，认为它是近代议会真正的先驱。与 [206] 的观点有些类似。

[212] T. Nicklas, *Macht oder Recht. Frühneuzeitliche Politik im obersähsischen Reichskreis* (Stuttgart, 2002). 细致研究了上萨克森大区及其对萨克森选帝侯领地在帝国中之地位的作用。

[213] H. Salm, *Armeefinanzierung im Dreißigjährigen Krieg. Der Niederrheinisch-Westfälische Reichskreis 1635—1650* (Münster, 1990).

[214] W. Wüst (ed.), *Reichskreis und Territorium. Die Herrschaft über die Herrschaft? Supraterritoriale Tendenzen in Politik, Kultur, Wirtschaft und Gesellschaft* (Stuttgart, 2000). 一部研究南德意志大区的优秀文集，扩展了 [206] 的研究发现。

宗教与帝国教会

另参见 [79] [103] [208] [249] 和 [255]。

[215] C. S. Dixon (ed.), *The German Reformation* (Oxford, 1999). 一部重要文集，包括沃尔夫冈·赖因哈德讨论"教派化"的论文英文版。

[216] M. R. Forster, *Catholic Germany from the Reformation to*

the Enlightenment (Basingstoke, 2007). 一部实用入门书，涉及有关帝国教会领地和天主教研究的所有问题。

[217] M. R. Forster, *Catholic Revival in the Age of the Baroque. Religious Identity in Southwest Germany, 1550—1750* (Cambridge, 2001). 参与教派化辩论的重要著作，提供了与 [103] 和 [241] 不同的观点。

[218] R. von Friedeburg, *Self-defence and Religious Strife in Early Modern Europe. England and Germany, 1530—1680* (Aldershot, 2002). 从理论与实践方面对宗教冲突时代的抵抗权进行的比较研究，颇有吸引力。作者反对布利克勒的"公社主义"观点（[26] 和 [27]）。

[219] J. B. Knudsen, *Justus Möser and the German Enlightenment* (Cambridge, 1986). 关于一位重要政治思想家的传记，对奥斯纳布吕克主教区有相当研究。

[220] J. T. O'Connor, *Negotiator Out of Season. The Career of Wilhelm Egon von Fürstenberg 1629—1704* (Athens, 1978). 该书揭示出法国如何通过资助帝国教会内部的职业升迁而获得影响力。

[221] R. W. Scribner/C. S. Dixon, *The German Reformation* (2nd ed., Basingstoke, 2003). 精彩的文献综述。

[222] W. B. Smith, *Reformation and the German territorial state. Upper Franconia, 1300—1630* (Rochester, NY, 2008). 关于班贝格的著作，近来的英语著作中实用的一部。

[223] M. Walker, *The Salzburg Transaction. Expulsion and*

141

Redemption in Eighteenth-Century Germany (Ithaca, 1992).

[224] J. Whaley, "A tolerant society? Religious toleration in the Holy Roman Empire, 1648—1806", in O. P. Grell/ R. Porter (eds.), *Toleration in Enlightenment Europe* (Cambridge, 2000), 175—195.

[225] M. E. Wiesner, *Gender, Church and State in Early Modern Germany* (Harlow, 1998). 总体上比较实用, 有一章论述了帝国修女院院长。

[226] K. Andermann (ed.), *Die geistlichen Staaten am Ende des Alten Reiches* (Tübingen, 2004).

[227] H. E. Feine, *Die Besetzung der Reichsbistümer vom Westfälischen Frieden bis zur Säkularisation 1648—1806* (Stuttgart, 1921). 对教会领地宪政的细致研究, 所涉时间远在 1648 年之前。

[228] E. François, *Die Unsichtbare Grenze. Protestanten und Katholiken in Augsburg 1648—1806* (Sigmaringen, 1991). 一部重要研究著作, 讨论了在两大教派并存的奥格斯堡, 新教徒与天主教徒之间的 "无形边界" 问题。

[229] E. Gatz (ed.), *Die Bischöfe des Heiligen Römischen Reiches*, 2 vols. (Berlin, 1990—1996). 一部包括 1448—1806 年间所有诸侯主教以及副主教 (suffragan) 的传记词典, 内容全面, 并附有有用的参考书目, 极有价值。

[230] A. Gotthard, *Der Augsburger Religionsfrieden* (Münster,

2004). 详细研究了 1555 年《奥格斯堡宗教和约》及后来围绕条款内容引发的争议。

[231] G. Haug-Moritz, "Kaisertum und Parität. Reichspolitik und Konfessionen nach dem Westfälischen Frieden", *Zeitschrift für Historische Forschung*, 19 (1992), 445—482. 重新评价了宗教在 1648 年以后对帝国政治的影响。

142 [232] M. Heckel, "Autonomia und Pacis Compositio", *Zeitschrift der Savigny Stiftung für Rechtsgeschichte, Kanonistische Abteilung*, 45 (1959), 141—248.

[233] M. Heckel, "Itio in partes. Zur Religionsverfassung des Heiligen Römischen Reiches Deutscher Nation", *Zeitschrift der Savigny Stiftung für Rechtsgeschichte, Kanonistische Abteilung*, 64 (1978), 180—308.

[234] P. Hersche, *Die deutschen Domkapitel im 17. und 18. Jahrhundert*, 3 vols. (Berne, 1984). 考察了主教座堂教士团的人员组成情形，扩展了 [228] 的研究。

[235] J. Luh, *Unheiliges Römisches Reich. Der konfessionelle Gegensatz 1648 bis 1806* (Potsdam, 1995). 反对《威斯特伐利亚和约》把宗教从帝国政治中排除出去的普遍观点。

[236] H. Rabe, *Reichsbund und Interim. Die Verfassungs- und Religionspolitik Karls V und der Reichstag von Augsburg 1547/1548* (Cologne / Vienna, 1971).

[237] A. Schindling and W. Ziegler (eds.), *Die Territorien des Reiches im Zeitalter der Reformation und Konfessionalisierung. Land und Konfession 1500—1650*, 5 vols. (Münster,

1989—1993). 按地区考察教派化过程的经典研究。

[238] D. Stievermann, "Politik und Konfession im 18. Jahrhundert", *Zeitschrift für Historische Forschung*, 18 (1991), 177—199. 作者认为，到 18 世纪晚期，教派分裂依然是帝国政治中的一个重要因素，阻碍了宪政发展进程。

[239] J. Vötsch, *Kursachsen, das Reich und der mitteldeutsche Raum zu Beginndes 18. Jahrhunderts* (Frankfurt/M., 2003). 考察了"强力王"奥古斯特（Augustus the Strong）改信天主教对萨克森与邻邦和帝国之间关系的影响。另参见 [262]。

[240] H. Wolf, *Die Reichskirchenpolitik des Hauses Lothringen (1648—1715). Eine Habsburger Sekundogeritur im Reich?* (Stuttgart, 1994). 对围绕教会领地职位空缺而展开的政治竞争的个案研究，颇有价值。

[241] E. W. Zeeden, "Grundlagen und Wege der Konfessionsbildung in Deutschland im Zeitalter der Glaubenkämpfe", *Historische Zeitschrift*, 185 (1958), 249—299. 引发教派化讨论的重要论文。另参见 [215] [237]。

帝国意大利地区

另参见 [43] [44] 和 [113]。

[242] L. Auer, "Zur Rolle Italiens in der österreichischen Politik um das spanischen Erbe", *Mitteilungen des österreichischen Staatsarchivs*, 31 (1978), 52—72.

[243] F. Haffner, "Der Kurfürst von Mainz und der Herzog von Modena 1583 bis 1744", in F. R. Reichert (ed.), *Beiträge zur Mainzer Kirchengeschichte in der Neuzeit* (Mainz, 1973), 99—122.

143 [244] M. Schnettger, "Das Alte Reich und Italien in der Frühen Neuzeit", *Quellen und Forschungen aus Italienischen Archiven und Bibliotheken*, 79 (1999), 344—420. 对有关帝国意大利地区与帝国其他地区之间制度联系的简要综述。

[245] M. Schnettger (ed.), *Kaiserliches und pästliches Lehenswesen in der Frühen Neuzeit* (special issue of the online journal *Zeitenblicke*, 6 [2007], http://www.zeitenblicke.de/2007/1/). 该文集讨论了皇帝与教皇在近代早期意大利的封建管辖权之争。

[246] M. Schnettger/M. Verga (eds.), *L'impero e l'Italia nella prima età moderna* (Bologna/Berlin, 2006). 一部实用的文集，讨论了近代早期帝国与意大利的关系，包括一篇克里斯·斯托尔斯（Chris Storrs）论意大利在 17 世纪 90 年代为帝国防卫提供财政支持的英文文章。

领地绝对主义

另参见 [29] [35] 和 [39]。

[247] R. G. Asch, "Estates and princes after 1648: The consequences of the Thirty Years War", *German History*, 6

(1988), 113—132. 一篇精彩的综述，强调 1670 年之后的漫长战争而非三十年战争削弱了领地等级议会的独立性。另参见 [250] [254] 和 [268]。

[248] J. Berenger, *A History of the Habsburg Empire 1273—1918* (London, 1994—1997). 对哈布斯堡君主国相当细致的研究，别具一格。

[249] T. C. W. Blanning, *Reform and Revolution in Mainz 1743—1803* (Cambridge, 1974). 对一个较为活跃的教会领地的研究。

[250] F. L. Carsten, *Princes and Parliaments in Germany from the Fifteenth to the Eighteenth Century* (Oxford, 1959). 从辉格派史学角度对统治者与领地等级议会关系的研究，颇有分量。信息量丰富，尤其是有关 1648 年之前的部分。另参见 [72]。

[251] P. G. M. Dickson, *Finance and Government Under Maria Theresia 1740—1780*, 2 vols. (Oxford, 1987). 一部标志性著作，强调与普鲁士的斗争对哈布斯堡君主国内部结构的影响。

[252] J. Duindam, *Vienna and Versailles. The Courts of Europe's Dynastic Rivals, 1550—1780* (Cambridge, 2003). 对宫廷与表演文化的政治与社会功能开展的批判性研究。

[253] R. J. W. Evans, *The Making of the Habsburg Monarchy 1550—1700* (Oxford, 1979). 强调哈布斯堡君主国依赖内部共识的支持，尤其是贵族的支持。

[254] R. J. W. Evans and T. V. Thomas (eds.), *Crown, Church and Estates. Central European Politics in the Sixteenth and Seventeenth Centuries* (New York, 1991). 一部非常出色的文集。另参见 [250] [253] 和 [268]。

144 [255] R. P.-C. Hsia, *Social Discipline in the Reformation. Central Europe 1550—1750* (London, 1989). 将"社会规训"概念与教派化问题的讨论结合在一起。另参见 [241]。

[256] C. W. Ingrao, *The Habsburg Monarchy 1618—1815* (2nd ed., Cambridge, 2000). 一部简短的概述性著作，强调奥地利的领地大国地位。

[257] C. W. Ingrao, *The Hessian Mercenary State. Ideas, Institutions and Reform under Frederick II 1760—1785* (Cambridge, 1987). 该书认为开明的绝对主义在较小的邦国发挥最好的作用，因为帝国的保护性框架使它们能够摆脱权力政治的影响。

[258] C.W. Ingrao (ed.), *Imperial Principalities on the Eve of Revolution: The Lay Electorates* (special issue of *German History*, 20:3, London, 2002). 对 18 世纪晚期汉诺威、萨克森、巴伐利亚和普法尔茨的研究。

[259] K. J. MacHardy, *War, Religion and Court Patronage in Habsburg Austria. The Social and Cultural Dimensions of Political Interaction, 1521—1622* (Basingstoke, 2003).

[260] K. H. Marcus, *The Politics of Power. Elites of an Early Modern State in Germany* (Mainz, 2000). 对 1495—1593 年间符腾堡官僚的细致研究。另参见 [264]。

[261] T. Robisheaux, *Rural Society and the Search for Order in Early Modern Germany* (Cambridge, 1989). 对 16 世纪和 17 世纪霍恩洛厄 (Hohenlohe) 的个案研究。

[262] T. Sharp, *Pleasure and Ambition. The Life, Loves and Wars of Augustus the Strong* (London, 2001). 对这位重要的萨克森选帝侯相当传统的传记研究。另参见 [239]。

[263] C. Storrs (ed.), *The Fiscal-Military State in Eighteenth-Century Europe* (Farnham, 2009). 包括有关普鲁士和哈布斯堡君主国的章节。

[264] J. A. Vann, *The Making of a State. Württemberg 1593—1793* (Ithaca, 1984). 作者认为，德意志中小领地统治者放弃了政治野心，转而展开"文化竞争"。参见 [266] 的批评。[260] 有对更早时期的部分研究。

[265] P. H. Wilson, *Absolutism in Central Europe* (London, 2000). 阐述了关于绝对主义的论战，反对近来认为该术语是后来历史学家编造出来的"神话"因而应完全弃用的观点。

[266] P. H. Wilson, *War, State and Society in Württemberg 1677—1793* (Cambridge, 1995). 作者认为需要在帝国和诸侯政治抱负的背景下来考察中小领地绝对主义的发展。与 [264] 对照阅读。

[267] R. G. Asch/H. Duchhardt (eds.), *Der Absolutismus-ein Mythos*? (Cologne, 1996). 该文集的论文大多反对"绝对主义"的概念，其中包括几篇英文论文。与 [265] 对照阅读。

[268]   P. Baumgart (ed.), *Ständetum und Staatsbildung in Branden-burg-Preußen* (Berlin, 1983). 对领地等级议会在勃兰登堡－普鲁士的作用重新评价，意义重大。

[269]   H. Caspary, *Staat, Finanzen, Wirtschaft und Heerwesen im Hochstift Bamberg* (Bamberg, 1976). 精彩的个案研究。

145   [270]   H. Dreitzel, *Absolutismus und ständische Verfassung im Deutschland* (Mainz, 1992). 这一对德意志政治理论（主要是新教徒政治理论）的研究，强调"绝对主义"概念在帝国内部的有限性。

[271]   G. Haug-Moritz, *Württembergischer Ständekonflikt und deutscher Dualismus* (Stuttgart, 1992). 详细研究了符腾堡宪政争端及其对帝国政治的影响。另参见 [266]。

[272]   M. Kaiser/A. Pecar (eds.), *Der zweite Mann im Staat. Oberste Amtsträger und Favoriten im Umkreis der Reichsterritorien in der Frühen Neuzeit* (Berlin, 2003). 对近代早期德意志领地重要政治顾问的个案研究。

[273]   G. Köbler (ed.), *Historisches Lexikon der deutschen Länder* (5th ed., Munich, 1995). 有关德意志领地及其发展的百科全书式的综述，书目文献颇有价值。

[274]   F. L. Kroll (ed.), *Die Herrscher Sachsens. Markgrafen, Kurfürsten, Könige 1089—1918* (Munich, 2007). 有关所有萨克森统治者的短篇传记研究，书目文献颇为实用。

[275]   J. Kunisch, *Absolutismus* (2nd ed. Göttingen, 1999). 捍卫"绝对主义"概念的有效性。

[276] K. Repgen (ed.), *Das Herrscherbild im 17. Jahrhundert* (Münster, 1991). 关于统治者自我形象的文集，强调自制和坚守道德标准与法律标准在德意志绝对主义中的重要性。

[277] T. Winkelbauer, *Ständefreiheit und Fürstenmacht. Länder und Untertanen des Hauses Habsburg im konfessionellen Zeitalter 1522—1699*, 2 vols. (Vienna, 2003). 有关哈布斯堡领地历史的重要著作，广泛涉及专门文献。

民族与认同

另参见 [75]。

[278] W. Burgdorf, "Imperial reform and visions of a European constitutionin Germany around 1800", *History of European Ideas*, 19 (1994), 401—408. 对作者有关帝国改革计划的积极评价的英文版总结，十分便利。另参见 [291]。

[279] J. Gagliardo, *Reich and Nation. The Holy Roman Empire as Idea and Reality 1763—1806* (Bloomington, 1980). 涉及有关帝国改革的讨论，表明对帝国宪政的解释已经过时。另参见 [291]。

[280] M. Goloubeva, *The Glorification of Emperor Leopold I in Image, Spectacle and Text* (Mainz, 2000). 另参见 [116] [283] 和 [284]。

[281] O. Mörke, "The political culture of Germany and the Dutch

Republic: Similar roots, different results", in K. Davids/J. Lucassen (eds.), *A Miracle Mirrored. The Dutch Republic in European Perspective* (Cambridge, 1995), 135—172.

146 [282] L. Scales, "Late medieval Germany: An under-Stated nation?", in L. Scales/O. Zimmer (eds.), *Power and the Nation in European History* (Cambridge, 2005), 166—191. 讨论了中世纪晚期有关德意志身份的观点。

[283] L. Silver, *Marketing Maximilian. The Visual Ideology of a Holy Roman Emperor* (Princeton, 2008). 另参见 [107] 和 [135]。

[284] M. Tanner, *The Last Descendant of Aeneas. The Hapsburgs and the Mythic Image of the Emperor* (Yale, 1993). 探讨了从视觉和修辞上把查理五世打造为世界君主的现象。另参见 [109] [114] [115] 和 [194]。

[285] M. Umbach, *Federalism and Enlightenment in Germany 1740—1806* (London, 2000). 研究了安哈尔特－采尔布斯特（Anhalt-Zerbst）公国如何参与有关帝国未来的讨论。

[286] M. Walker, *German Home Towns. Community, State and General Estate, 1648—1871* (2nd ed., Ithaca, 1998). 有关城市自治与德意志市民内省式的共同体意识之间联系的重要研究。包含 1731 年发布的、试图控制工匠行会的帝国敕令的英文译本。

[287] J. Whaley, "Thinking about Germany 1750—1815. The birth of anation?", *Publications of the English Goethe*

Society, 66 (1996), 53—72.

[288] P. H. Wilson, "War, political culture and central European state formation from the late middle ages to the nineteenth century", in N. Garnham/K. J. Jeffery (eds.), *Culture, Place and Identity* (Dublin, 2005), 112—137. 对有关帝国发展与政治文化的讨论的综述。

[289] W. Behringer, *Im Zeichen des Merkur. Reichspost und Kommunikationsrevolution in der Frühen Neuzeit* (Götingen, 2003). 一项创新性研究，揭示了帝国邮政服务如何引领近代早期的"沟通革命"。

[290] W. Burgdorf, *Ein Weltbild vierliert seine Welt. Der Untergang des Alten Reiches und die Generation 1806* (2nd ed., Munich, 2009).

[291] W. Burgdorf, *Reichskonstitution und Nation. Verfassungsreformprojekte für das Heilige Römische Reich deutscher Nation im politischen Schriftum von 1648 bis 1806* (Mainz, 1998). 积极肯定 1648 年以后发生的帝国改革辩论。

[292] A. Gestrich, *Absolutismus und Öffentlichkeit* (Götingen, 1994). 该书令人信服地批评了哈贝马斯提出的"公共领域的结构转型"理论，指出绝对主义需要依赖多样化的沟通形式，以便在其臣民心目中树立起一种合法性意识。

[293] P. C. Hartmann, *Kulturgeschichte des Heiligen Römischen Reiches 1648 bis 1806* (Vienna, 2001). 重要著作，体现

了当下德国历史学家中盛行的把帝国视为现代多元文化主义和政治一体化之先驱的趋势。

[294] R. A. Müller (ed.), *Bilder des Reiches* (Sigmaringen, 1997). 通过图像和建筑对帝国进行图像学研究的实用文集。

147 [295] A. Schmidt, *Vaterlandsliebe und Religionskonflikt. Politische Diskurse im Alten Reich (1555—1648)* (Leiden, 2007). 对帝国爱国主义和德意志身份的演变展开了精彩的论述。

[296] G. Schmidt (ed.), *Die deutsche Nation im frühneuzeitlichen Europa. Politische Ordnung und kulturelle Identität?* (Munich, 2010). 利用近来的研究探讨近代早期德意志身份的重要文集。

[297] G. Schmidt, "Die 'deutsche Freiheit' und der Westfälische Friede", in R. G. Asch et al. (eds.), *Frieden und Krieg in der Frühen Neuzeit* (Munich, 2001), 323—347. 对《威斯特伐利亚和约》确立的自由权及其与宽泛的德意志身份观念的关系进行了总结，有其价值。

[298] H. Weisert, "Der Reichstitel bis 1806", *Archiv für Diplomatik*, 40 (1994), 441—513.

[299] M. Wrede, *Das Reich und seine Feinde. Politische Feindbilder in der reichspatriotischen Publizistik zwischen Westfälischem Frieden und Siebenjährigem Krieg* (Mainz, 2004). 细致研究了对奥斯曼土耳其人、法国和瑞典的敌视如何影响 1648—1763 年间有关帝国的讨论。

索　引

（索引页码为英文版页码，即本书边码）

Aachen, imperial city　亚琛，帝国城市：114

Abbt, Thomas (1738—1766)　托马斯·阿布特（1738—1766）：
107, 118

absolutism　绝对主义：16, 19, 20, 51, 85, 99—100, 114, 120,
123

　defined　定义：99

　enlightened　开明专制：102, 107

　see also imperial absolutism　亦见"帝国绝对主义"词条

Albertine Wettins　韦廷王朝的阿尔布雷希特家族：40, 42—43

Albrecht II (1397—1439, king from 1438)　阿尔布雷希特二世
（1397—1439, 1438 年起称王）：27

Alsace　阿尔萨斯：2, 50, 70

Ansbach, margraviate　安斯巴赫边疆伯国：91

archchancellor　大首相：33, 64

Aretin, Karl Otmar von　卡尔·奥特马尔·冯·阿雷廷：6—7, 9,
97

armies　军队：47, 51, 53, 79—81, 85, 87—89, 96

Asch, Ronald G.　罗纳德·G. 阿施：36, 46

associations, *see Kreis* associations　联盟，见"大区联盟"词条

Augsburg, imperial city　奥格斯堡，帝国城市：48—49, 66, 77,
　　89, 113

Augsburg, Religious Peace of (1555)　《奥格斯堡宗教和约》(1555)：
　　41—43, 48

Austerlitz, battle (1805)　奥斯特利茨战役 (1805)：59

Austria-Hungary, empire 1867—1918　奥匈帝国 (1867—1918)：4

Austrian *Kreis*　奥地利大区：92

Austrian monarchy　奥地利君主国：9, 16, 17, 51—52
　　army　军队：80—81, 88—89
　　Estates　等级议会：20, 45—46, 101
　　finances　财政：45—46, 75, 77—82, 97—98
　　government　政府：32—33, 36, 45—46, 50, 55, 73, 101,
　　　　108, 116
　　population　人口：56
　　rivalry with Prussia　与普鲁士的竞争：4, 37, 54—58, 84,
　　　　89, 102, 106—107, 117, 122
　　size　领地面积：55, 104
　　society　社会：13, 48, 101
　　see also Habsburg dynasty (Austrian)　亦见"哈布斯堡王朝
　　　　（奥地利）"词条

Austrian Succession, war (1740—1748)　奥地利王位继承战争
　　(1740—1748)：55, 89, 98

Baden, margraviate　巴登边疆伯国：32, 64, 108

Bamberg, bishopric　班贝格主教区：96

Basel, treaty (1795)　《巴塞尔和约》(1795)：58

Bavaria, duchy, later electorate　巴伐利亚公国，后成为选帝侯
　　领地：5, 44, 46, 74, 108
　　exchange plans　交换计划：57
　　finances　财政：55, 80, 89
　　influence　影响：56, 58, 93, 102
　　size　领地面积：55, 104

Bavarian *Kreis*　巴伐利亚大区：88, 92

Bavarian Succession, war (1778—1779)　巴伐利亚爵位继承战争
　　(1778—1779)：57

Bayreuth, margraviate　拜罗伊特边疆伯国：91

Behringer, Wolfgang　沃尔夫冈·贝林格：110

Belgium　比利时：2, 27

Benecke, Gerhard　格哈德·贝内克：7

Berg, duchy　贝格公国：20

Berlin　柏林：114

Bismarck, Otto von (1815—1898)　奥托·冯·俾斯麦(1815—1898)：1,
　　5, 7, 104

Black Death　黑死病：26

Blickle, Peter　彼得·布利克勒：17—18, 26, 28

Bohemia, kingdom　波希米亚王国
　　Estates　等级议会：20, 101
　　relationship to Empire　与帝国的关系：2, 9, 13, 24, 27, 30,
　　　40, 64, 73, 92, 105, 108, 116
　　revolt of (1419—1434)　起义 (1419—1434)：28, 92, 108
　　revolt of (1618—1620)　起义 (1618—1620)：46—48, 80, 101

Bologna　博洛尼亚：114

Borussian interpretation　普鲁士中心论：4—5, 9, 14, 35, 57,

61—62, 87, 100

Brady, Thomas　托马斯·布雷迪：29, 38

Brandenburg-Prussia　勃兰登堡－普鲁士：50

　　finances　财政：57, 82

　　great power status　大国地位：56, 89, 102, 106—107, 122

　　　　interpretations of　解释：4—6, 100—102, 123

　　military power　军事实力：85, 89, 117

　　relationship to Empire　与帝国的关系：16, 17, 30, 49, 52,

　　　　56—57, 64, 69, 72, 79, 82, 84, 92, 94, 101—102, 118

　　size　领土面积：54—55, 56, 104

　　see also Hohenzollern dynasty; Prussia　亦见"霍亨索伦王

　　　　朝""普鲁士"词条

Bremen, archbishopric　不来梅大主教区：95

Brothers' Quarrel (1606—1612)　兄弟之争（1606—1612）：46

Brunswick, duchy　不伦瑞克公国：40

Burgundian *Kreis*　勃艮第大区：92

Burgundy, duchy　勃艮第公国：21, 26, 27, 40, 64, 73, 108

Burkhardt, Johannes　约翰内斯·布克哈特：10, 36

Byzantium　拜占庭：22, 26

Calenberg, *see* Hanover　卡伦贝格，见"汉诺威"词条

Calvinism　加尔文宗：43—44, 48

cameralism　官房主义：102

Campo Formio, treaty (1797)　《坎波福尔米奥和约》（1797）：58,

　　99

capitalism　资本主义：6, 110

Carolina law code (1532)　查理法典（1532）：34

Castile　卡斯蒂利亚：36

Catholic League (1609)　天主教同盟（1609）：40, 46

censorship　审查制度：63, 111, 114

Charlemagne (742—814), emperor from 800　查理曼（742—814），
　　800 年起称帝：1, 2, 21, 22, 114, 116

Charles IV (1316—1378), emperor from 1355　查理四世（1316—
　　1378），1355 年起称帝：35, 76

Charles V (1500—1558), emperor from 1519　查理五世（1500—
　　1558），1519 年起称帝：19, 39—40, 47, 63, 78, 79, 105,
　　106, 111, 114

　　abdication　退位：34, 41, 42, 97

　　election　选举：27, 30, 61

　　interpretations　相关解释：27, 35

Charles VI (1685—1740), emperor from 1711　查理六世（1685—
　　1740），1711 年起称帝：51, 55, 76, 123

Charles VII (1697—1745), emperor from 1742　查理七世（1697—
　　1745），1742 年起称帝：55

Charles (1433—1477), duke of Burgundy from 1467　查理（1433—
　　1477），1467 年起成为勃艮第公爵：21, 26

Clement VII (1478—1534), pope from 1523　克莱芒七世（1478—
　　1534），1523 年起担任教皇：114

Cleves, duchy　克莱沃公国：20, 46

Cologne, electorate　科隆选帝侯领地：30, 41, 52, 64, 75, 91

Cologne, imperial city　科隆，帝国城市：110

common good (Gemeinwohl)　公益：14, 100

Common Penny (Gemeiner Pfennig)　普通税：76—78

communalism　公社主义：17—19, 26, 28—29

community 共同体：18, 28, 38, 48, 122

Confederation of the Rhine (1806—1813) 莱茵邦联（1806—1813）：15, 17, 59, 75, 117—118

confessionalization 教派化：36—50, 101, 104, 106—107, 110, 112, 122

    defined 定义：37—38

Constantinople 君士坦丁堡：26

corpora (confessional blocs) 实体（教派集团）：44, 48, 49, 67

Counter-Reformation 反宗教改革运动：20, 44—45, 95

Courland, duchy 库尔兰公国：94

courts, princely 诸侯宫廷：51, 101, 107, 110, 114—115

    see also imperial courts 亦见"皇宫"词条

culture 文化

    personal presence 亲自出席文化：23, 33, 45, 69, 113, 122

    representational 代表制文化：110

    written 书面文化：26, 31, 32, 34, 35, 39, 90, 111—112

currency regulation 货币管理：34, 42, 67, 83—84, 90

customs union 关税同盟：83, 85

Dalberg, Karl Theodor von (1744—1817), elector of Mainz (1802—1803) and prince primate (1803—1814) 卡尔·特奥多尔·冯·达尔贝格（1744—1817），美因茨选帝侯（1802—1803）、首席大主教（1803—1814）：117—118

Defenestration of Prague (1618) 布拉格掷出窗外事件（1618）：46

Denmark 丹麦：29, 54, 69, 94

despotism 专制统治：75

Diestelkamp, Bernd 贝恩德·迪斯特尔坎普：70

Dithmarschen　迪特马申：29

Donauwörth, imperial city (until 1607)　多瑙沃特，帝国城市（直至 1607 年）：41，46

dualism, *see* imperial politics　二元论，见"帝国政治"词条

Duchhardt, Heinz　海因茨·杜赫哈特：54，100

Dutch Republic　荷兰共和国：20，95，103，105，108—109，121

Dutch Revolt (1567—1648)　荷兰起义（1567—1648）：19，41，108—109

Dutch War (1672—1679)　法荷战争（1672—1679）：53，87

East Frisia, principality　东弗里西亚公国：20，74

ecclesiastical reservation　教会保留条款：43

economic change　经济变革：6，26，66

economic regulation　经济法令：34，67，82—85

education　教育：35，71，96，107

electoral capitulation (*Wahlkapitulation*)　《选举让步协议》：31，44，61—62，86

electoral college (*Kurfürstenrat*)　选帝侯议院：64，66，67

Electoral Rhenish *Kreis*　莱茵选帝侯大区：88，91

electors (*Kurfürsten*)　选帝侯：3，13，30—31，41，42，49，52，54，60—62，68，72，79，80，93，115，116

emigration　移居：42

emperor　皇帝

　　authority　权力：3，11，12，16，31，44，47—48，51—54，60—63，66，71，86，93，101，120—121

　　coronation　加冕礼：21，30，78，114

　　election　选举：3，30—31，60，93，114，116

financial position　财政状况：23, 29, 47, 75—82, 98—99

international position　国际地位：3, 22, 36, 37, 51—52

prayers for　为其祷告：108, 111

regional influence　地区影响：24—25, 36, 97—99

title　称号：3, 21, 59, 63, 107, 114, 116, 121

emperor's suites (*Kaisersäle*)　皇帝套房：113—114

Empire　帝国

collapse　瓦解：1, 5, 15, 89, 102, 117—119, 122

collective security　集体安全：9, 14, 32, 34, 44, 51—53, 57—58, 66, 76—82, 85—89, 105, 115, 122

complimentary character　辅助性特征：9, 36, 121

conservative character　保守性特征：57, 75, 82, 102, 118, 122

economic policy　经济政策：34, 67, 82—85, 90

feudal element　封建因素：12—14, 22, 51, 66, 97—98

formal title　正式名称：21—22, 104, 109

international position　国际地位：16, 26, 37, 46, 50—60, 69—70, 86—88, 102, 105—106, 118

modernity　现代性：8—10, 36, 37, 101, 121

personnel　人员：35, 71

political representation within　政治代表权：11—14, 16—20, 30—32, 63—70, 90, 120

population　人口：26, 47, 56

reorganized (1801—1803)　重组（1801—1803）：58, 64—66, 68, 72, 96, 117—118

size　领土面积：3, 56, 78

as a state　作为国家：4, 6, 8—10, 35—36, 85, 97, 117, 121

symbols　象征：64，108—109，113—116

England　英格兰：26，36，54，56，69，111，121

Enlightenment　启蒙运动：96，107，118

Erthal, Friedrich Carl von (1719—1802), elector of Mainz from 1774 弗里德里希·卡尔·冯·埃塔尔 (1719—1802)，1774 年起成为美因茨选帝侯：96

Estates (*Stände*)　阶层

    armed　武装阶层：53，87—88，96

    social　社会阶层：12，14

    territorial　领地阶层，领地等级议会：14，16—20，30，34，47，64，74，76，101，114，120

    see also imperial Estates　亦见"帝国阶层"词条

European Union　欧盟：8，9，84

federalism　联邦主义

    aristocratic　贵族联邦主义：15，17，19—20，121

    interpretations　解释：8—9，14—15，122—123

    princely　诸侯联邦主义：15—17，52，65，87—88，121

    radical　激进联邦主义：15，17—20，37，121

Feine, Erich　埃里克·法伊内：51

Ferdinand I (1503—1564), emperor 1556　斐迪南一世 (1503—1564)，1556 年起称帝：27，28，32—33，40—45，67，79

Ferdinand II (1578—1637), emperor 1619　斐迪南二世 (1578—1637)，1619 年起称帝：46—47，67，80，101，123

Ferdinand III (1608—1657), emperor 1637　斐迪南三世 (1608—1657)，1637 年起称帝：47—48，52，53

feudal ties　封建关系：3，9，12，33，34，51，97—98

feudalism　封建主义：6，17—18

feuding　私战：26，85

flags　旗帜：115—116

France　法国：2，8，41，49，53，61，85，87，97—98，111，112

　　German view of　德意志人的评价：106

　　influence in the Empire　在帝国内的影响：17，21，50，52，
　　　　55—59，60，70，84，91，95，105，114，117—118

　　monarchy　君主制：15，26，36

Francis I Stephen (1708—1765), emperor from 1745　弗朗茨一世
　　斯蒂芬 (1708—1765)，1745 年起称帝：55

Francis II (1768—1835), Holy Roman emperor 1792—1806,
　　Austrian emperor from 1804　弗朗茨二世 (1768—1835)，
　　1792—1806 年任神圣罗马帝国皇帝，1804 年起任奥地利帝
　　国皇帝：59，69，117

François, Etienne　艾蒂安·弗朗索瓦：48

Franconian *Kreis*　法兰克尼亚大区：25，88，91

Frankfurt am Main, imperial city　美因河畔法兰克福，帝国城市：
　　77，84，112，114，115

Frederick III (1415—1493), emperor from 1440　弗里德里希三世
　　(1415—1493)，1440 年起称帝：27，29，61，71，116

Frederick III/I (1657—1713), elector of Brandenburg (1688), king
　　"in" Prussia from 1700　弗里德里希三世/一世 (1657—
　　1713)，勃兰登堡选帝侯 (1688)，1700 年起称"在"普鲁士
　　的国王：114

Frederick II "the Great" (1712—1786), king of Prussia from 1740
　　"大王"弗里德里希二世 (1712—1786)，1740 年起称普鲁士
　　国王：55，57，106—107，111

French Revolution (1789)　法国大革命 (1789)：57, 110, 118

French Revolutionary Wars (1792—1802)　法国大革命战争(1792—1802)：4, 57—58, 81—82, 86, 89, 93, 99, 109, 122

Galen, Christoph Bernhard von (1606—1678), prince-bishop of Münster from 1650　克里斯托夫·伯恩哈特·冯·加伦(1606—1678), 1650 年起任明斯特诸侯主教：96

Gandersheim, imperial abbey　甘德斯海姆, 帝国修道院：95

Geizkofler, Zacharias (1560—1617), imperial treasurer　扎哈里亚斯·盖兹科弗勒 (1560—1617), 帝国司库：77—78

"General Crisis" of the seventeenth century　17 世纪"普遍性危机"：46

Genoa　热那亚：97, 109

German Confederation (*Deutscher Bund*, 1815—1866)　德意志邦联 (1815—1866)：17, 75, 93, 99, 118

German Democratic Republic (1949—1990)　德意志民主共和国 (1949—1990)：6, 17

German freedom　日耳曼自由：9, 41, 44, 105

German kings, *see* Romans, king of the　德意志国王, 见"罗马人之王"词条

German language　德语：2, 104—105, 107, 109, 112

German Peasants War (1524—1526)　德意志农民战争 (1524—1526)：18, 19, 28—29, 39, 74, 87

Germany, Federal Republic of　德意志联邦共和国：2, 6, 8—10, 17, 115, 122

Gernrode, imperial abbey　盖恩罗德, 帝国修道院：95

Golden Bull (1356)　《金玺诏书》(1356)：30—31, 33, 60—62,

64, 67, 73, 115, 116

Golden Fleece, heraldic order　金羊毛勋章：108

Gotthard，Axel　阿克塞尔·戈特哈德：8—9, 37, 121

Göttingen　哥廷根：106

Graz　格拉茨：113

Great Northern War (1700—1721)　大北方战争（1700—1721）：89

Guelph dynasty　韦尔夫王朝：92, 95

guilds　行会：110

Habermas, Jürgen　于尔根·哈贝马斯：110

Habsburg dynasty (Austrian)　哈布斯堡王朝（奥地利）：3—5,
　　19, 21, 26, 44, 98, 107, 113

　　dynastic ambitions　王朝野心：24, 27, 32, 61, 88—89, 96,
　　　　97, 99

　　and imperial title　和皇帝头衔：27, 42, 55, 59, 86, 116

　　see also Austrian monarchy　亦见"奥地利君主国"词条

Habsburg dynasty (Spanish)　哈布斯堡王朝（西班牙）：19, 92

Hamburg, imperial city　汉堡，帝国城市：107

Hanover, duchy, later electorate　汉诺威公国，后成为选帝侯领地：
　　54, 64, 70, 88, 95, 115

Hansa　汉萨：19, 115

Hartmann, Peter Claus　彼得·克劳斯·哈特曼：9

Haug-Moritz, Gabriele　加布里埃莱·豪格－莫里茨：49

Hegel, Georg Wilhelm Friedrich (1770—1831)　格奥尔格·威廉·弗
　　里德里希·黑格尔（1770—1831）：4, 117, 118

Henneberg, Berthold von (1441—1504), elector of Mainz from
　　1484　贝特霍尔德·冯·亨内贝格（1441—1504），1484 年

起任美因茨选帝侯：25，32，33

Henshall, Nicholas　尼古拉斯·亨歇尔：100

Hessen-Kassel, landgraviate　黑森－卡塞尔领地伯国：32，39，
　　40，64，101

Hildesheim, bishopric　希尔德斯海姆主教区：95

Hitler, Adolf (1889—1945)　阿道夫·希特勒（1889—1945）：1

Hohenzollern dynasty, *see also* Brandenburg-Prussia　霍亨索伦王
　　朝，亦见"勃兰登堡－普鲁士"词条

Hughes, Michael　迈克尔·休斯：7，51

Huguenots　胡格诺派：41，49

Humanism　人文主义：26，31，35，104—108

Hungary　匈牙利：8，20，22，24，26—27，40，43，52，59，116
　　relationship to the Empire　与帝国的关系：28

Hussites　胡斯派：28，30，92，108

imperial absolutism　帝国绝对主义：12，51，120—121

imperial ban (*Reichsacht*)　剥夺法律保护令：44，56，63

imperial chancellery (*Reichskanzlei*)　帝国枢密院：33，64

Imperial Church (*Reichskirche*)　帝国教会
　　composition　构成：13，93，95
　　dissolution　解散：50，58，94—95
　　influence　影响：23，39—40，65，113，122
　　politics　政治：22，44—45，62，94—97
　　women in　参与的妇女：43，65，95

imperial cities (*Reichsstädte*)　帝国城市：13，29，35，37，40，41，
　　42，64，68，71，83，91，104
　　Reichstag representation　帝国议会代表权：66

imperial counts (*Reichsgrafen*)　帝国伯爵：58，64—66，68，91，
　　94

imperial courts　帝国法院：50，70—75，86，102，111—112，123
　　case load　办案量：72—73
　　finances　财政：71，72，76，78，82
　　location　地点：71，113—114
　　personnel　人员：35，71
　　see also Reichshofrat, Reichskammergericht　亦见"帝国宫
　　　　廷法院""帝国枢密法院"词条

imperial currency regulations　帝国货币条例：34，42，83—84

imperial deputation (*Reichsdeputation*)　帝国代表团（会议）：67—
　　68，72，114
　　Final Decision (1803)　最终决议（1803）：58，64，66，68，96

imperial estates (*Reichsstände*)　帝国阶层：14，16，30—36，39，
　　41—42，44，47，52—53，59，68，70—71，76，78，94，109
　　numbers　数量：12—13，58，65，93
　　status　地位：30，102

Imperial Executive Ordinance (1555)　帝国执行条例（1555）：34，
　　68，86，90

imperial fiefs (*Reichslehen*)　帝国采邑：12—13，29，62—63，76

imperial immediacy (*Reichsunmittelbarkeit*)　皇帝直辖地位：12

Imperial Italy (*Reichsitalien*)　帝国意大利：2—3，9，22，51，61，
　　97—99

imperial knights (*Reichsritter*)　帝国骑士：12，14，19，29—30，93，
　　117，118
　　revolt (1521—1523)　起义（1521—1523）：29，87

imperial law (*Reichsrecht*)　帝国法律：16，26，34，71，74，102，

106, 115

imperial patriotism　帝国爱国主义：103

imperial police ordinances　帝国治安条例：34

imperial politics　帝国政治

　　alleged dualism in　所谓二元论：4, 11, 16—17, 24, 25, 32, 36, 68, 102, 120

　　internationalization of　国际化：50—59, 74, 87

　　religion in　宗教：35, 36—50, 52, 71, 106, 122

imperial postal service　帝国邮政服务：110—111

imperial prelates　帝国高级教士：13, 64, 65—66, 68, 91, 93—95

imperial publicists　帝国公法学家：103

imperial recovery　帝国复兴：51—54, 74

imperial reform　帝国改革：8, 25, 29—38, 57, 66, 71, 76, 82, 88, 89—90, 107

imperial register (*Reichsmatrikel*)　帝国登记簿：31, 76—77, 82, 94

imperial taxation　帝国税收：30—31, 42, 52—53, 67, 71, 75—82, 90, 98—99, 111

imperial translation　帝国权力转移：22, 105, 115, 122

imperial vicar (*Reichsvikar*)　帝国代理人：60—61

Innsbruck　因斯布鲁克：113

Interim (1548)　《临时敕令》(1548)：40, 42

Interregna　皇位空缺期：60—61, 65

investiture, feudal　封建叙任权：45, 75—76

Investiture Contest (1075—1122)　叙任权之争 (1075—1122)：22, 24

Italian Wars (1494—1559)　意大利战争 (1494—1559)：26, 97

Italy　意大利：52, 99, 115

see also Imperial Italy 亦见"帝国意大利"词条

itio in partes 分开投票：48—49

Jacobins 雅各宾派：57

Jena, battle (1806) 耶拿战役（1806）：117

Jesuit order 耶稣会：45

Jewish communities 犹太人族群：72，75，108

Joseph I (1678—1711), emperor from 1705 约瑟夫一世（1678—1711），1705 年起称帝：51

Joseph II (1741—1790), emperor from 1765 约瑟夫二世（1741—1790），1765 年起称帝：55，57，99

Jülich, duchy 于利希公国：20，46，92

Juridification 司法化：73—74

Karlsruhe 卡尔斯鲁厄：114

Kehl, fortress 凯尔要塞：81

Konstanz, bishopric 康斯坦茨主教区：90

Kreise (Circles) 大区：9，16，36，57，64，73，83—84，87，89—93，97，108，115，123

    assemblies 议会：30，32，35，67—69，81，90

    associations 联盟：88，91，121

    convenors 执行诸侯：90—91

Kunisch, Johannes 约翰内斯·库尼施：100

Landeshoheit, *see* sovereignty 领地主权，见"主权"词条

Latvia 拉脱维亚：94

League of Princes (*Fürstenbund*, 1785) 诸侯同盟（1785）：57

Legstädte　征税中心城市：77

Leipzig　莱比锡：77，84，112

Leopold I (1640—1705), emperor from 1658　利奥波德一世（1640—1705），1658 年起称帝：51，53—54，63，86，87，98，123

Letter of Majesty (1609)　陛下诏书（1609）：47

liberalism　自由主义：17，100

Liberation, Wars of (1813—1815)　解放战争（1813—1815）：103，118

literacy　识字能力：111

Lithuania　立陶宛：22

Long Turkish War (1593—1606)　长土耳其战争（1593—1606）：43，46，77，79，98

lordship, *see* feudal ties　领主权，见"封建关系"词条

Lorraine, duchy　洛林公国：2，21，55

Louis XIV (1638—1715), king of France from 1643　路易十四（1638—1715），1643 年起任法国国王：49，91

Lower Rhenish *Kreis*, *see* Westphalian *Kreis*　下莱茵大区，见"威斯特伐利亚大区"词条

Lower Saxon *Kreis*　下萨克森大区：25，114

Lübeck, bishopric　吕贝克主教区：95

Lucca　卢卡：97

Ludwigsburg　路德维希堡：114

Luh, Jürgen　于尔根·卢：49

Lunéville, treaty (1801)　《吕内维尔条约》（1801）：58，99

Lusatia　卢萨蒂亚：2，92

Luther, Martin (1483—1546)　马丁·路德（1483—1546）：27，38—40，43，105，111

Luxembourg　卢森堡：2, 27

　　dynasty　王朝：24, 27, 28, 108, 116

Machtstaat (power state)　强权国家：4—5, 7, 10, 11, 17, 85, 100

Magdeburg, archbishopric　马格德堡大主教区：95

Mainz, city　美因茨市：81

Mainz, electorate　美因茨选帝侯领地：25, 33, 52, 58, 64, 66, 91, 96, 117

Mantua, duchy　曼图亚公国：97

maps　地图：5, 35

Maria Theresa (1717—1780), empress　玛丽娅·特蕾莎皇后（1717—1780）：55—56

Marxist interpretations　马克思主义的解释：6, 8, 17

matricular system　登记制度：31, 76—82, 90

Matthias (1557—1619), emperor from 1612　马蒂亚斯（1557—1619），1612 年起称帝：46, 61

Maximillian I (1459—1519), emperor from 1493　马克西米连一世（1459—1519），1493 年起称帝：27, 32, 35, 61, 63, 71, 78, 86, 97, 116

Maximillian II (1527—1576), emperor from 1564　马克西米连二世（1527—1576），1564 年起称帝：43

Mechelen　梅赫伦：73

Mecklenburg, duchy　梅克伦堡公国：19, 74, 95, 106

mediatization　归并：31, 58

　　defined　定义：29

Medici, dynasty　美第奇家族：98

Milan, duchy 米兰公国：97—98

military revolution 军事革命：26, 85

Mirandola, duchy 米兰多拉公国：97

modernity 现代性：10, 25

monarchical principle 君主制原则：11, 14, 19, 60—61, 120—121

monarchization 君主化：54

monarchy 君主制，君主国

　　　composite 复合型君主国：28, 121

　　　elective 选举君主制：3, 24

　　　itinerant 巡回君主制：23, 27

　　　mixed 混合君主制：25, 121

　　　universal 世界君主制：22, 36, 105—106

Moravia 摩拉维亚：2, 92

Moraw, Peter 彼得·莫拉夫：24, 36, 64

Moritz (1521—1553), elector of Saxony from 1547 莫里茨（1521—1553），1547 年起任萨克森选帝侯：40

Moser, Johann Jacob (1701—1785) 约翰·雅各布·莫泽（1701—1785）：105—106, 112, 121

Mühlberg, battle (1547) 米尔贝格战役（1547）：40, 111

Münster, bishopric 明斯特主教区：92, 96

Naples, kingdom 那不勒斯王国：97—98

Napoleon Bonaparte (1769—1821) 拿破仑·波拿巴(1769—1821)：1, 58—59, 99, 103；107, 117—118

Nassau, dynasty 拿骚王朝：24

Nassau-Siegen, Wilhelm Hyacinth (1666—1742), prince of 1699—1708 拿骚－锡根亲王威廉·海厄森斯（1666—1742），1699—

1708 年间获此头衔：75

nationalism 民族主义：7，103—119，122

    defined 定义：103—104

    federal 联邦民族主义：9—10，104

nationalist historiography 民族主义史学：4—5，104，107，118，123

Nazism 纳粹主义：5，7

negotia remissa (unfinished business) 未竟事项：52

Netherlands 尼德兰：2，9，19，27，43，52，57，78

    see also Dutch Republic 亦见"荷兰共和国"词条

Neuhaus, Helmut 赫尔穆特·诺伊豪斯：7，11，85

neutrality 中立：38，61，69，117

newspapers 报纸：111—112

Nine Years War (1688—1697) 九年战争（1688—1697）：49

nobles 贵族

    numbers 数量：12—13，26，29

    politics 政治：15，17，19—20，23，29，31，40，93，101

    titles 头衔：12—13

normative year 标准年：42，43，48—49

Nuremberg, imperial city 纽伦堡，帝国城市：77，114，117

Osnabrück, bishopric 奥斯纳布吕克主教区：95

Otto I (912—973), emperor from 936 奥托一世（912—973），936 年起称帝：22

Ottoman empire 奥斯曼帝国：20，26，43，45，46，52，53，80，105—106，122

Ottonian dynasty 奥托王朝：22

Paderborn, bishopric 帕德博恩主教区：95

Palatinate, electorate 普法尔茨选帝侯领地：30, 43—47, 49, 61, 64, 79, 91

Palm, Johann Philipp (d. 1806) 约翰·菲利普·帕尔姆（卒于 1806 年）：117

papacy 罗马教皇：3, 22, 27, 30, 37, 79, 80, 95, 98—99, 105—106, 114

Paragraph 180 (1654) 1654 年帝国议会决议第 180 条：53, 77

Parma, duchy 帕尔马公国：97

Passau, treaty (1552) 《帕绍和约》（1552）：41, 42

patriotism 爱国主义：103

patronage 庇护制：51, 62, 63, 65, 101—102

peasants 农民：113

protest 抗议：18, 28—29, 74—75

Philippsburg, fortress 菲利普斯堡要塞：81

Piacenza, duchy 皮亚琴察公国：97

Poland 波兰：2, 3, 8, 22, 40, 54—56

    partitions 瓜分：56

Polish Succession, war (1733—1735) 波兰王位继承战争（1733—1735）：52, 98

Prague 布拉格：27, 35, 45, 113

Press, Volker 福尔克尔·普雷斯：7, 11, 18, 51

Pressburg, treaty (1805) 《普雷斯堡和约》（1805）：59

princes, college of (*Fürstenrat*) 选帝侯议院：65—66

Princes Revolt (1552) 诸侯叛乱（1552）：41, 42

privilegium de non appellando 最高上诉特权：73

privilegium majus 《大特权》：116

privy councils 枢密院: 32, 101

Protestant Union (1608) 新教同盟 (1608): 40, 46

Prussia, duchy, later kingdom 普鲁士公国, 后称王国: 54

    royal title 国王头衔: 54—55, 98, 116

    see also Brandenburg-Prussia 亦见"勃兰登堡 - 普鲁士"词条

public order 公共秩序: 34, 42, 120

public peace (*Landfrieden*) 公共和平: 40, 66, 68, 72, 85, 89

    defined 定义: 86

public sphere 公共领域: 110

publishing 出版业: 63, 111—112

Pufendorf, Samuel von (1632—1694) 萨穆埃尔·冯·普芬多夫 (1632—1694): 4, 9, 121

Pütter, Johann Stephan (1725—1807) 约翰·斯特凡·皮特 (1725—1807): 106

Quedlinburg, imperial abbey 奎德林堡, 帝国修道院: 95

Ranieri, Filippo 菲利波·拉涅里: 70

Recess 帝国议会决议: 39, 53

Reformation 宗教改革: 35, 38—40, 43, 105—106, 111

    interpretations 解释: 5, 7—8, 25, 36—38

    right of 权利: 41—42, 48

regalia 皇权象征物: 114, 116

Regensburg, imperial city 雷根斯堡, 帝国城市: 8, 58, 66, 70, 77, 113, 117

Reich 德意志帝国

    Second 第二帝国: 1, 4—5, 8

Third 第三帝国：1，8，123

 see also Empire 亦见"帝国"词条

Reichscamerale 帝国财政：75

Reichshofrat (Imperial Aulic Council) 帝国宫廷法院：33，42，45，
 70—73，75，78，99，113

Reichskammergericht (Imperial Cameral Court) 帝国枢密法院：
 32，34，35，42，68，70—74，76，78，82，90，114，118

Reichskammerzieler 帝国法院期限税：76，78

Reichsregiment 帝国咨政院：32—33，61，68，90

Reichstag (imperial diet) 帝国议会

 alternatives to 替代机构：67—68，120

 envoys 代表：35，69—70，97，113，118

 interpretations 解释：14，17，63—64，69，123

 legislation 立法：34，42，57—58，69，76，79，82—83，86，
  89—90

 location 地点：66，113—114

 meetings 会议：(1495) 21，25；(1500) 89；(1521) 38，66；
  (1526) 39；(1529) 39；(1555) 41；(1570) 68，86；(1576)
  83；(1608) 79；(1613) 47，79；(1640—1641) 47，80；(1654)
  52—53，62，77

 news about 相关新闻：112

 origins 起源：14，16，30，32，36，64

 permanence 常设会议：63，66，68

 voting arrangements 投票制度：14，33，39—40，43—44，
  48，49，65—67，91，94—95，97，117

Reinhard, Wolfgang 沃尔夫冈·赖因哈德：8—10

Renaissance 文艺复兴：26

Rijswijk，treaty (1697) 《赖斯韦克和约》(1697)：49

Roman law 罗马法：26，35

Roman Months (*Römer Monate*) 罗马月：78—81

Romans，king of the (*Römischer König*) 罗马人之王：30，60，62

Romanticism 浪漫主义：107—108，118

Rome 罗马：21，30，78

Rossbach，battle (1757) 罗斯巴赫战役 (1757)：56，85

Rudolf I (1218—1291)，emperor from 1273 鲁道夫一世 (1218—1291)，1273 年起称帝：90

Rudolf II (1552—1612)，emperor from 1576 鲁道夫二世 (1552—1612)，1576 年起称帝：45—46，61，79，108，110，113，116，123

Russia 俄国：54，56—59，70

St Bartholomew Massacre (1572) 圣巴托洛缪大屠杀 (1572)：41

Salian dynasty 萨利安王朝：22

Salzburg，archbishopric 萨尔茨堡大主教区：50，64，80，94

San Remo 圣雷莫：97

Sardinia 撒丁：97—98

Savoy 萨伏依：3，61，76，97—98，105

Saxon duchies 萨克森地区诸公国：74

Saxony，electorate 萨克森选帝侯领地：6，79，106

    electoral title 选帝侯头衔：30，40，43

    influence 影响：47，61，80，89，92，102

    and Poland 与波兰：54—56

    religion in 境内宗教：39，49，54，94

Schilling，Heinz 海因茨·席林：8—9，35—37，85

Schindling, Anton 安东·申德林：95

Schmalkaldic League (1531—1547) 施马尔卡尔登同盟 (1531—1547)：40，105，111

Schmidt, Georg 格奥尔格·施密特：9—11，36，104，121

Schulze, Winfried 温弗里德·舒尔策：73

Scribner, Robert 罗伯特·斯克里布纳：18

secularization 世俗化：42，43，48，54，55，65，72，96—97

　　defined 定义：94—95

Sellert, Wolfgang 沃尔夫冈·塞勒特：70

Seven Years War (1756—1763) 七年战争 (1756—1763)：56，84—85，89，106—107，112

Sicily 西西里：97—98

Sickingen, Franz von (1481—1523) 弗朗茨·冯·济金根 (1481—1523)：29

Sigismund (1368—1437), emperor from 1433 西吉斯蒙德 (1368—1437)，1433 年起称帝：27，28

Silesia 西里西亚：2，55—56，89，92，105

social disciplining 社会规训：37

social structure 社会结构：12

Sollberg-Rilinger, Barbara 芭芭拉·施托尔贝格－里林格：8，23

Sonderweg (special path) 德意志特殊道路：7，10

sovereignty 主权：37，62—63，100

　　territorial (Landeshoheit) 领地主权：20，47，48，54，100—101

Spain 西班牙：26，27，32，36，52，61

　　relationship to the Empire 与帝国的关系：40，42，47，79，92，97—98，108—109

Spanish Succession, war (1701—1714) 西班牙王位继承战争(1701—
    1714)：52, 54, 88, 89, 98

Speyer, imperial city 施派尔，帝国城市：39, 86, 114

state formation 国家形成：15, 87, 100

Staufer, dynasty 施陶芬王朝：22, 24

Strasbourg, bishopric 斯特拉斯堡主教区：41

subsidies 财政援助：79, 87

Swabian *Kreis* 施瓦本大区：25, 88, 91, 92

Swabian League (1488—1534) 施瓦本同盟 (1488—1534)：19, 90

Sweden 瑞典：50—51, 52, 54, 55, 69, 73, 95, 106

Switzerland 瑞士：2

    attempts to join 加入的尝试：19, 29, 37, 40, 94

    emergence 兴起：19, 29, 103, 121

    identity 身份：109

Tacitus, Publius Cornelius (AD 55—116) 普布利乌斯·科尔涅利
    乌斯·塔西佗 (55—116)：105

territorialization 领地化

    causes 原因：22, 76—77, 86—87

    consequences 后果：17, 33—34, 36, 65, 91, 111—112

    process 过程：14, 16, 34—35, 95, 99—102, 114

Teutonic Order 条顿骑士团：92

Thirty Years War (1618—1648) 三十年战争 (1618—1648)：11

    causes 原因：37, 41—46

    impact 影响：4, 5—6, 19, 47—49, 53, 79—81, 83, 100, 106

Thurn und Taxis, family 图尔恩和塔克西斯家族：110

toleration 宗教宽容：38, 48—50

tolls　通行费：83—85

towns　城镇：13, 18—19, 25, 26, 110

trade fairs　贸易集市：84, 112

Transylvania　特兰西瓦尼亚：20

Treitschke, Heinrich von (1834—1896)　海因里希·冯·特赖奇克 (1834—1896)：4—5, 107

Tridentine decrees (1563)　《特伦特公会议教令》(1563)：42, 45

Trier, electorate　特里尔选帝侯领地：30, 64, 91

Tunis　突尼斯：111

Turkish wars　土耳其战争：43, 52, 68, 77, 79, 81, 99

　　see also Long Turkish War　亦见"长土耳其战争"词条

Tuscany, grand duchy　托斯卡纳大公国：97—98

Überlingen, imperial city　于伯林根，帝国城市：35

Ulm, imperial city　乌尔姆，帝国城市：35, 59

United States of America　美国：7, 15

universities　大学：35, 71, 106, 115

Upper Rhenish *Kreis*　上莱茵大区：88, 91, 97

Upper Saxon *Kreis*　上萨克森大区：25, 92, 114

Venice　威尼斯：3

Vienna　维也纳：27, 51, 71, 104, 113, 114

　　Congress (1814—1815)　维也纳会议 (1814—1815)：17, 92, 118

　　occupations of　占领：59

　　siege (1683)　包围 (1683)：52

Visitation (judicial review)　巡检：72

Voltaire, François Marie Arouet de (1694—1778) 弗朗索瓦·马利·阿鲁埃·德·伏尔泰 (1694—1778)：1, 122

Wallenstein, Albrecht Wenzel von (1583—1634), general 阿尔布雷希特·文策尔·冯·华伦斯坦 (1583—1634)，将军：67, 80

war, *see under individual conflicts* 战争，见有关具体战役的词条

Weimar Republic 魏玛共和国：122

Westphalia, Treaty of (1648) 《威斯特伐利亚和约》(1648)

    guarantors 担保人：50—51

    interpretations 解释：21, 47, 49, 51

    terms 条款：20, 47—48, 60, 80, 83, 92, 95

Westphalian *Kreis* 威斯特伐利亚大区：20, 25, 88, 91—93

Wettins, dynasty 韦廷王朝：40, 42—43

Wetzlar, imperial city 韦茨拉尔，帝国城市：114

Whig interpretation 辉格派史学理论：17, 18

Winkler, Heinrich August 海因里希·奥古斯特·温克勒：7

witchcraft 巫术：74

Wittelsbachs, dynasty 维特尔斯巴赫王朝：24, 44, 61

Worms, imperial city 沃尔姆斯，帝国城市：38

Württemberg, duchy 符腾堡公国：5, 19, 30, 64, 90, 91, 102, 115

    ruler-Estate dispute in 统治者与等级议会纠纷：74, 101

Würzburg, bishopric 维尔茨堡主教区：82, 91, 96

Zedler, Johann Heinrich (1706—1763) 约翰·海因里希·策德勒 (1706—1763)：4, 9

Zeeden, Ernst 恩斯特·策登：37